日本の遺跡13

常呂遺跡群

武田　修　著

同成社

一つ一つの住居址の窪みには、春なお雪が融けずに残る

ラッコ彫像品（オホーツク文化期）

石偶（続縄文前半）

続縄文文化期の遺構

有舌竪穴（続縄文前半、常呂川河口遺跡172ｅ号焼失竪穴）

目にガラス玉がはめ込まれた人骨頭蓋部（常呂川河口遺跡300号墓、続縄文後半）

オホーツク文化期の遺構

骨塚——オホーツク文化期の祭祀・儀礼場（トコロチャシ跡遺跡7号竪穴内。クマ頭骨を百頭以上検出）

五角形竪穴（トコロチャシ跡遺跡8号竪穴）

時代を追って見る常呂遺跡群出土土器

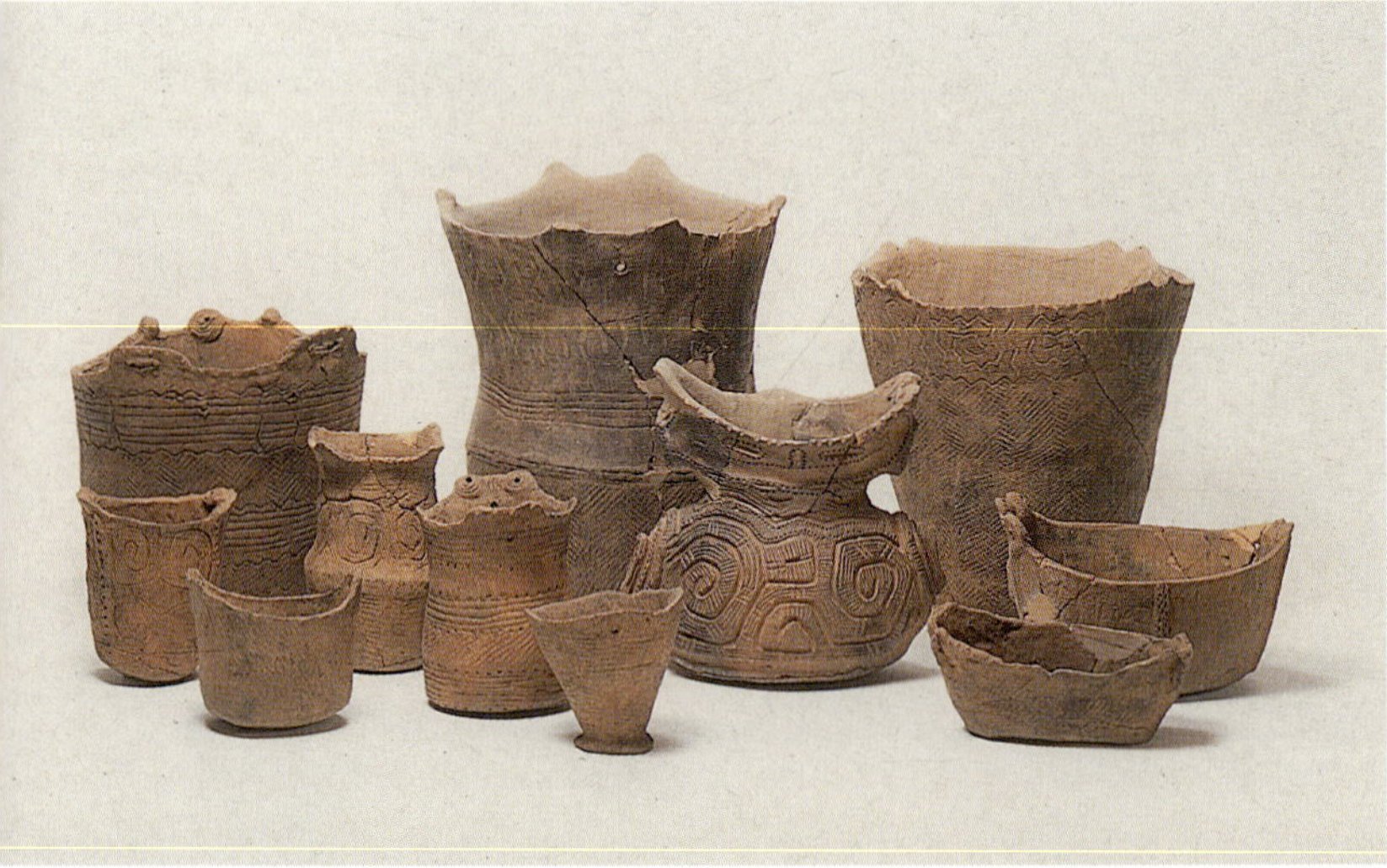

縄文文化期（晩期、常呂川河口遺跡295a 号墓出土土器群）

続縄文文化期（常呂川河口遺跡57号竪穴出土の鈴谷式土器）

擦文文化期（常呂川河口遺跡46号竪穴出土）

目　次

郵便はがき

料金受取人払

麹町局承認

5250

差出有効期間
平成19年11月
30日まで

102-8790

104

東京都千代田区飯田橋4-4-8
東京中央ビル406

株式会社 同成社

読者カード係 行

ご購読ありがとうございます。このハガキをお送りくださった方には今後小社の出版案内を差し上げます。また、出版案内の送付を希望されない場合は右記□欄にチェックを入れてご返送ください。 □

お名前《ふりがな》 歳 男・女

〒 TEL

ご住所

ご職業

お読みになっている新聞・雑誌名

〔新聞名〕 〔雑誌名〕

お買上げ書店名

〔市町村〕 〔書店名〕

愛読者カード

お買上の
タイトル

本書の出版を何でお知りになりましたか？

イ．書店で　　ロ．新聞・雑誌の広告で（誌名　　）

ハ．人に勧められて　　ニ．書評・紹介記事をみて（誌名　　）

ホ．その他（　　）

この本についてのご感想・ご意見をお書き下さい。

注文書

年　月　日

書　名	税込価格	冊　数

★お支払いは代金引き替えの着払いでお願いいたします。また、注文書籍の合計金額（税込価格）が10,000円未満のときは荷造送料として380円をご負担いただき、10,000円を越える場合は無料です。

同成社の考古学書

102-0072 東京都千代田区飯田橋４－４－８　東京中央ビル
Tel 03-3239-1467　Fax 03-3239-1466　振替 00140-0-20618
E-mail:douseisha@nifty.com
http://homepage3.nifty.com/douseisha/

◎ここにはこの１～２年の間に刊行されたものを掲載しております（価格の下に記した数字は発行年月を示します）。さらに詳しくお知りになりたい方は、図書目録をご請求下さい。無料にてお送りいたします。

ご注文のてびき

▶最寄りの書店にご注文いただければ送料は不要です。
▶ご事情により小社へ直接ご注文下さる場合は、代金引き替えの着払いでお願いいたします。また、その場合はお買い上げの合計金額に応じて下記の荷造送料をご負担いただきます。

お買い上げ金額（本体価格）	10,000円未満	380円
	10,000円以上	無 料

▶お買い求めの図書に、万一落丁・乱丁のある場合はただちにお取り替えいたします。
▶価格は変更することがあります。表示価格は税込です。

06.4

社会考古学の試み
岡内三眞・菊池徹夫編
B5判・二五六頁・八四〇〇円 （05・3）

世界の先史古代社会の相違点や共通点を考古学の立場から比較・検討し、社会の複雑化・階層化を探りながらそれら諸文化の本質を明らかにする。現代における異文化間の相互理解への道を開く。

アウラガ遺跡Ⅰ チンギス＝カン宮殿址発掘調査報告書
加藤晋平・白石典之編
A4判・九二頁・四二〇〇円 （05・4）

日本・モンゴル共同調査隊は二〇〇四年、アウラガ遺跡にチンギス＝カンの宮殿址を発見。その調査をまとめた英文報告書。

ものが語る歴史⑩ ヤコウガイの考古学
髙梨修著
A5判・三〇二頁・五〇四〇円 （05・5）

古代から中世段階の琉球弧の国家境界領域を中心とした交易史を、近年奄美大島で確認された大量のヤコウガイを出土した古代遺跡に注目し、考古学的な視点からその解明に挑む。

重要文化財西都原古墳群出土 埴輪 子持家・船
東京国立博物館編
A4判・一四〇頁・二六二五円 （05・5）

経年による劣化から解体・復元された重要文化財、宮崎県西都原古墳群出土の子持家・船形埴輪。その修復作業を詳細に記録した報告書。巻末には写真図版を五六頁にわたり掲載する。

史跡等整備のてびき 保存と活用のために
文化庁文化財部記念物課監修
B5判・四分冊・総頁一四〇〇頁・一二六〇〇円 （05・6）

史跡等の整備事業を、適切かつ円滑に進めるに当たって必要となる各種の事項を総合的に取りまとめた手引書。〈4分冊の内容〉①総説編・資料編 ②計画編 ③技術編 ④事例編

中国考古学論攷
関野雄著
A5判・六三二頁・一二六〇〇円 （05・7）

強い歴史学的問題意識に基づき、文献中国史との境界に近い位置に陣取り、科学理論に立脚して、中国考古学の諸問題を考究する「関野学」の集積。前著『中国考古学研究』以降の主要論文を収録。

マヤとインカ 王権の成立と展開
貞末堯司編
B5判・三二八頁・一二六〇〇円
(05・9)

中央アメリカ、および南アメリカ・アンデス地域の先コロンブス期文化研究において、第一線にある日本人研究者たちによる論文二十本を集めた、同地域の考古学研究の最新の成果を問う論文集。

世界の土器づくり
佐々木幹雄・齋藤正憲編
B5判・二〇〇頁・四七二五円
(05・12)

世界各地の土器づくりを民族学的・考古学的に追究・考察し、その検証を通じて個別性と共に共通性を明らかにする。人類史における土器の意義に迫る刺激的な論集。

ものが語る歴史⑪食の民俗考古学
橋口尚武著
A5判・二二四頁・三九九〇円
(06・1)

縄文時代や弥生時代に育まれ、その後も日常生活のなかで改良されながら発展的に継承されてきた生活技術や食習慣を描き出すことで、日本文化の「原風景」に迫る。

朝鮮半島初期農耕社会の研究
後藤直著
B5判・四一八頁・九九七五円
(06・3)

弥生時代の農耕と金属器の故地である朝鮮半島初期農耕文化の諸相を正確に追究するとともに、両文化を対比して類似点と差異点を明らかにし、それぞれの特質を明らかにしようとする。

東北アジアの青銅器文化と社会
甲元眞之著
A5判・三〇四頁・六三〇〇円
(06・3)

東北アジアの青銅器をめぐる集団の展開過程を、帯銘銅器の分析を中心として追究。中原地域に成立した高度な政治的社会・文化の影響とともに、東北アジア地域の独自性を検証する。

心と形の考古学 認知考古学の冒険
小杉康編
A5判・二九〇頁・五〇四〇円
(06・4)

日本列島および周辺地域の考古学データによって、旧石器文化から古代国家形成期にかけての、認知と造形が織りなす物質文化環境に関する実践的研究を踏まえ、認知考古学の展望を模索する。

カバー写真　ところ遺跡の森一号竪穴復元住居
装丁　吉永聖児

常呂遺跡群

はじめに

北海道は列島弧の最北端に位置するため、地理的・歴史的環境は本州方面と異なった歩みをもって成立してきた。同じ北海道でも道南部と道東部では文化的な地域差が認められる。道南部は縄文期から本州と同一の文化圏を形成してきたものの、道東部はより辺境にあるためか独自の文化をもっていることが大きな特徴である。サハリンを経由して大陸と最も近く、地理的絶対条件から少なからず大陸諸文化の影響も受けてきた。縄文文化早期の石刃鏃文化や謎の海洋民族とされるオホーツク文化はその最たる例である。

渡来民たるオホーツク人と在地の擦文人の接触・融合という経験をとおし、独特のトビニタイ文化も形成された。地域的小文化であるこの文化は、オホーツク文化に見られる骨塚祭祀などの精神性を後のアイヌ文化に伝えた人びとでもある。異文化との接触・融合の果てに新たな文化を創造したのであり、北方文化のダイナミズムをみることができる。

大陸からだけでなく、本州からも間接的ながら各種の文物を受容していることが最近の考古学調査によって明らかにされている。そのなかで、最大の規模・情報を内包するのが史跡常呂遺跡である。

史跡常呂遺跡にはアイヌ期のチャシ跡も含まれるが、基本的には集落遺跡である。集落遺跡は本州に見られる城郭や寺院跡、古墳群などと異なり地上の構造物ではない。地中に埋没した目だたない遺跡である。周知しなければ忘れ去られてしまうであろう。

しかし、竪穴住居跡数が二五〇〇軒におよぶとなれば話は別である。縄文、続縄文、擦文・オホーツク文化にわたる大小の竪穴は完全に埋もり切らずに、窪んだ状態で保存されている。長さ四・八キロ、幅三〇〇メートルの海岸砂丘そのものが巨大な遺跡と化したようだ。しかも恵まれた海・湖・川・森をもつ自然環境は、地上の構造物にない庭園のような美しさを四季折々に見せている。

だが、史跡指定地は保存を前提とすることや広大な面積を有するため全面発掘は不可能である。これまで史跡指定以前に、東京大学文学部考古学研究室の学術調査、史跡整備にともなう調査が限定的に行われているにすぎない。窪みの形状からある程度の時期は識別できるものの、集落構造は不明であり、遺跡総体の考古学的解明は不可能に近いといえる。

これに対して史跡周辺の遺跡は、半世紀におよぶ東京大学文学部考古学研究室の調査や常呂町の調査によって明らかにされつつある。史跡理解のための重要な発見も多く、周辺遺跡も史跡と一体となって構成しているといっても過言でない。ともすれば個別に扱われがちな史跡指定地と周辺遺跡であるが、狭小な地域に所在する大規模と中・小規模遺跡の場合は相互に関連づけることが必要である。大規模集落遺跡の構造解明は発掘調査なくして不可能といえるが、周辺の調査が進んだことにより、いっそう史跡常呂遺跡の重要性が認識されてきたといえる。周辺遺跡の調査・研究の進展が大集落の実態を解明することにつながると考えている。

このような観点から、史跡以外の遺跡も常呂遺跡群として位置づけることが可能であり、緊急発掘調査によって得られた情報も含め、常呂遺跡群の性格と北海道考古学の研究にもたらした成果について記してみたい。

Ⅰ　海・湖・川のある豊かな地域

1　北辺の町

史跡常呂遺跡はオホーツク海沿岸に面した北見市常呂町にある（図1）。この町の最大の魅力は海・湖・川と、それを取り巻くカシワ、ミズナラなど広葉樹とトドマツ、エゾマツ、カラマツなど針葉樹の混交森林に包括された豊かな自然が残されていることにある。

地形をみると、西にわが国三番目の広さをもつサロマ湖をもち、東は標高約二〇～六〇メートルの丘陵地帯となる。ここからは晴れた日に知床連峰と大雪連峰の山並みも遠望できる。南側はやや深い山地がつづいている。

サロマ湖と丘陵地帯に挟まれた空間が平野部となる。のどかな田園風景を想起させる平野部には大雪山系の三国山を源流とする一級河川の常呂川が蛇行しながら河口まで貫流し（図2）、かつて常呂川の本流であったライトコロ川はサロマ湖東岸に注いでいる。河川の周辺はところどころ葦が茂る湿地帯や草原となり、ヤナギの小木と調和した牧歌的な風情を醸し出している。

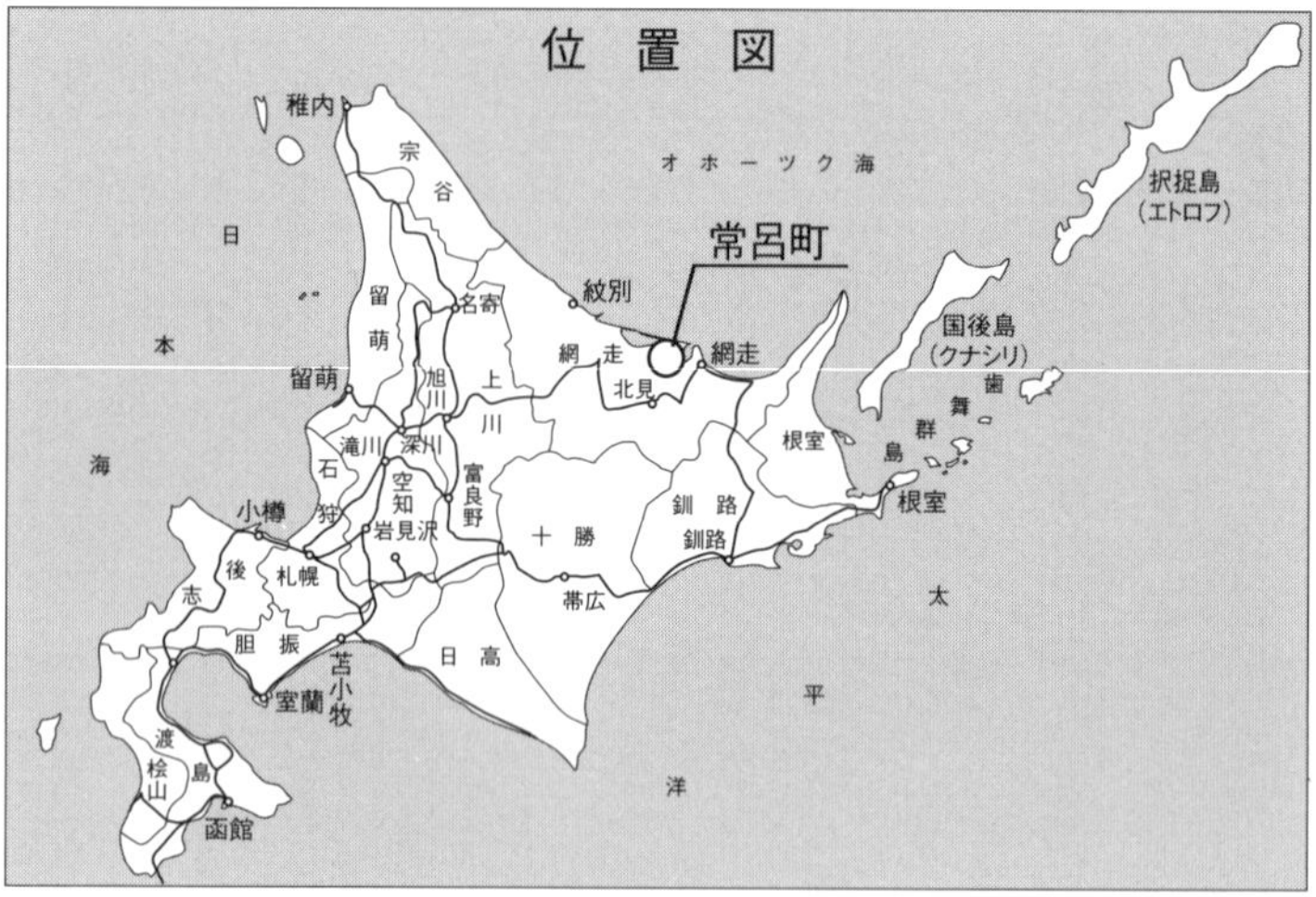

図1　常呂町の位置

オホーツク海岸には市街地から徒歩数分で達する距離である。海岸は日本海側と異なり岩礁がなく、遠浅の砂浜が広がる。オホーツク海と並行して五～二〇メートルの海岸砂丘が西側に向かって延びており、サロマ湖東岸につづいている。オホーツク海沿岸の各地に多く見られるこの砂丘は、河川による砂の供給と風の影響を受け、数千年の歳月を要して形成されたわけであるが、史跡常呂遺跡の二五〇〇軒以上におよぶ未曾有の竪穴群は、この砂丘上の森林内に展開されている。

2　二つの北海道遺産

砂丘のさらに先端にワッカ原生花園がある。ワッカとはアイヌ語でワッカ・オ・イ「水が・ある・ところ」を意味する。この地域にはハマナス・エゾスカシユリ・センダイハギなど三〇〇種

図2　常呂市街地と平野部を貫流する常呂川

以上におよぶ原生の花々が咲き誇る。湖岸一体は網走国定公園として管理されており、サロマ湖の夕日とともに人気のある観光スポットのひとつである。ワッカ原生花園は二〇〇一（平成十三）年、史跡常呂遺跡は二〇〇四（平成十六）年に「オホーツク海沿岸の古代遺跡群」の一つとして北海道遺産に選定された。

オホーツク海とサロマ湖地域の連続した砂丘上は、自然遺産と文化遺産の二つが同時に保存されている稀有な地域なのである。

3　常呂の地名由来

「トコロ」とはアイヌ語地名であるが、一六六七（寛文七）年に著された『松前蝦夷図』にはツコロと表記されている。これが今のところ地名に残された最古の記録である。ツコロについて山田秀三はトゥー・コロ「山の走り根の崎・をもつ（・川）」と解釈し、明治期になってト・コロ「沼・をもつ川」に変化してきたと説いている。常呂川右岸の丘陵を対岸から遠望すると大小の沢をもち、先端が常呂川に向かって崎状に突きでた地形を見ることができる。この特徴をアイヌはトゥー・コロと名づけた。

ところが平野部には短い間隔で蛇行した旧河川跡があり、今も湿地・沼地化した地域が残されている。旧河川跡は常呂川から派生したもので、当時は蛇行部や入江が遮断されたためにできた沼が多かったのであろう。アイヌは川の周辺にあるこのような大小の沼をト・コロと称していたのである。

また、幕末の探検家として知られ、北海道の名づけ親でもある松浦武四郎は、一八五六（安政三）年と一八五八（安政五）年にト・コロに立ち

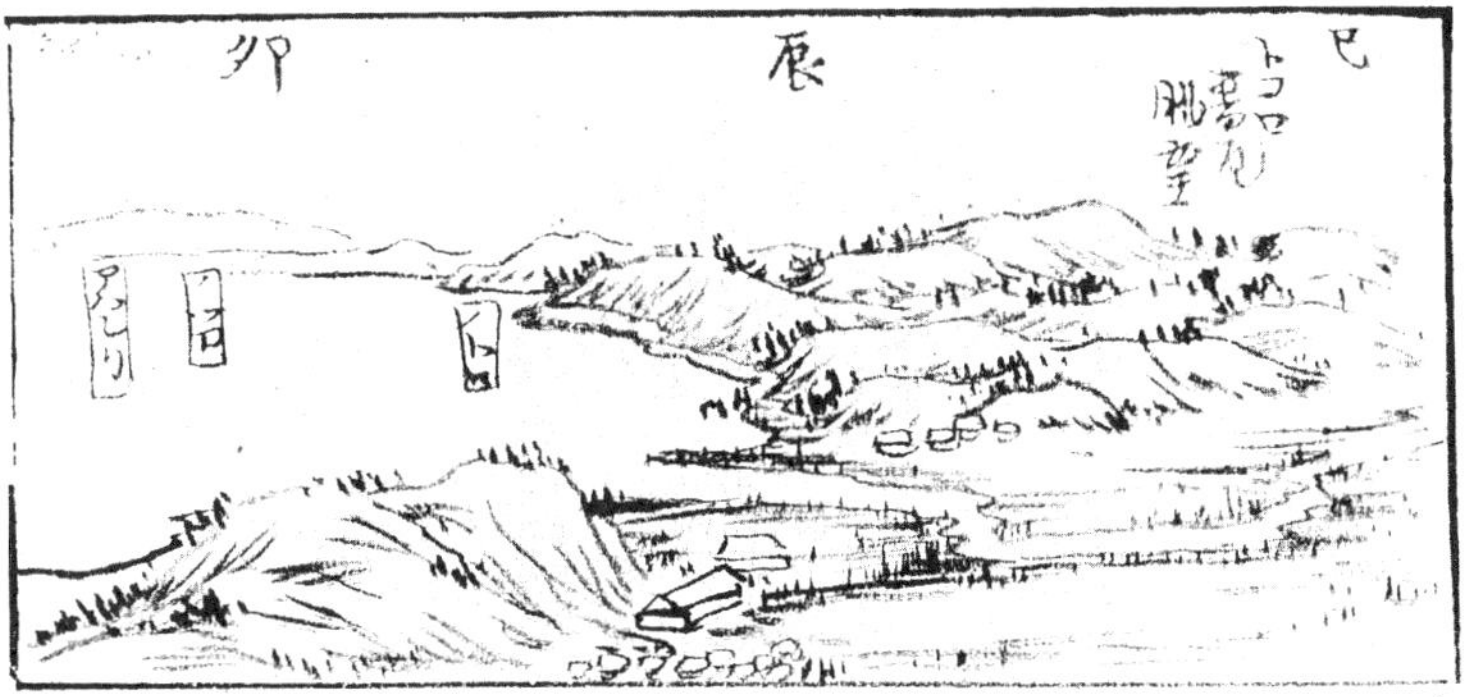

図３　1856年頃の常呂川河口風景

寄っている。そのときに書き残した『再航蝦夷日誌』には「比地北向、海ニ面し後ろの方平岡山を越えて後ろは沼也。船潤少しの形ち有りども碇懸かりなし」とある（図3）。現在は地形が大きく変化しているためこの場所は不明であるが、当時は形だけであるものの船を停泊するような沼が川の近くにあったことはまちがいない。事実、後に触れるが常呂川河口遺跡では閉塞された沼もしくは河川跡からアイヌ期の木製品が多量に出土している。

　アイヌは動物・植物はもちろん自然界のあらゆるものに名前をつけている。日々の生活と結びつくそれらは粗末にできない重要なものであった。地名もそのひとつである。アイヌにとって周辺の地域は、狩猟・漁労・採集の領域として生業活動に直接かかわる場所であり、だれでも認識できる名前が必要であった。トゥー・コロ、ト・コロなど、アイヌ語地名は個々の地形の特色、環境を的確にとらえて付けられたものである。そこからは自然のなかで生き抜き、培われてきたアイヌの鋭い観察力と感性をみることができる。

なお、現在使用している〝常呂〟は、一八六九（明治二）年に北海道開拓使が国・郡を選定する際に漢字に置き換えたものである。

4　海の幸・川の幸

常呂に数多くの遺跡が残されているのは、この地域が居住に適した環境をもち、長期間定住しても充分な魚介類が海・川から獲得できるからであり、遺跡の多さは食糧資源を求めて人びとが集合したことを暗示している。現在、この地域で採捕される代表的な魚種はサケ、マス、ニシン、カレイ、ホッケなど一五種類、貝類はホタテ貝を筆頭にカキ貝、シジミ貝など五種類である。夏頃には、オホーツク海沿岸を南下する宗谷暖流の影響によってはマグロ、フグなど暖流系の魚がみられることもある。

一方、北海道第五位の流路をもつ常呂川にはウグイ、ギンブナなど一八種類の淡水魚が確認されている。北海道全体からみると三五％ほどであり、以外に少ない印象を抱くが、常呂川ではやはり遡上するサケ、マスなど回遊魚に注目しなければならない。これら魚介類の遺存体は縄文前期末や中期の遺跡から検出され、アイヌ文化のなかに漁労に関する木製遺物もみられるので、河口周辺や湖岸が生業活動の拠点になっていたのだろう。

漁業は現在、サケ・マス定置網やホタテ・カキ貝養殖などに姿を変えたが、今なお磐石な基礎を確立して営々とつづけられている。

Ⅱ　常呂遺跡群研究の展開

1　常呂遺跡の発見

常呂の遺跡は、すでに幕末の松浦武四郎や明治・大正時代に研究者から注目されていた。明治時代に石川貞次による「北見国常呂郡常呂村穴」の記録。一八九六（明治二十九）年の河野常吉と井口元一郎による「常呂川下流の西岸原野にある竪穴」の発掘。塩田弓吉の「北見国網走猿間湖畔竪穴。石斧、石鏃、土器」の報告は史跡常呂遺跡の竪穴群のことである。

また、一九〇九（明治四十二）年の北海タイムスにも穴居、すなわち竪穴の密集が次のように報じられている。

最も密集し居る穴居は常呂郡下常呂村にして今現存し居るもののみにても三万余あり同郡鐺沸村の分を加うれば実に数万に上る由なる尤もすでに開墾されて穴居の形を存せざる所もありて精細に取調ぶれば多々ますます増加すべく其発見の結果は考古学者人類学者歴史家等の碑益する所尠少ならざるべし

数万は誇大すぎるが、すでに多数の竪穴があることは知られていたのである。

しかし、この時期は一部の研究者、学者による簡易な調査による遺跡・遺物の紹介で終わり、公に認知されるまでにいたらなかった。忘れさられていた竪穴群を世間に知らしめ、東京大学文学部考古学研究室による調査・研究の端緒を開いたのが大西信武である。「自分一人ではどうにもならない」と述懐するとおり、おびただしく残る地面の窪みを竪穴住居と認識し、その研究を大学に求めなければならないと覚知した時点で真の発見者となったといえよう。利害や名聞名利にとらわれず、遺跡を守りたいという純粋な気持ちが胸中を駆け巡っていたと推察できる。

大西は一八九九（明治三十二）年に北海道旭川市に生まれる。一九二四（大正十三）年に常呂町に住むまで全道各地の土木工事に従事しており、土器・石器が出土するたびに遺跡であることを確信するようになる。この経験が生かされ常呂町の多数の遺跡と竪穴群に着目するようになった。遺跡の重要性を確信した氏は、北海道庁、北海道大学、東北大学に調査研究を働きかけるものの、なかなか理解は得られなかった。

ところが一九五六（昭和三十一）年に転機が訪れる。樺太アイヌ言語調査に訪れていた東京大学文学部教授服部四郎との出会いが、これまでの状況を一変させた。常呂の遺跡に魅せられ、滔滔と語る姿に情熱を感じた服部四郎は、同大文学部考古学研究室の駒井和愛《かずちか》に相談する。駒井和愛も、敗戦により大陸の調査を中断しなければならなかった東亜考古学会の活動を北海道に求めていた。はからずしも両者の思いが一致し、一九五七（昭和三十二）年から調査が開始されることになった。

以前、駒井和愛は網走市モヨロ貝塚、小樽市や深川市にある環状列石の調査を手がけていたが、恒久的なフィールドをもつにいたらなかった。常呂をフィールドと決定した理由はなぜか。膨大な数の竪穴群、貝塚など大遺跡が海・湖・川の自然環境と一体となって残されているからであろう。駒井和愛には、海・湖・川は古代の生活を投影する鏡のように映し出されていたに違いない。

2　史跡保護の原点

常呂遺跡は大西が発見しなくともいつかは脚光を浴びたはずである。しかし、このときの出会いがなければ発掘調査や史跡指定は数十年遅れていたであろう。この地域では昭和四〇年代から砂利採取が頻繁に行われていたので、十年遅れれば多くの遺跡が破壊されていたことは間違いない。事実、破壊を受けた遺跡もあった。遺跡に対する行政の認識不足は否めないものの、「遺跡」＝「大学の研究」という当時の社会的状況下では致し方ない。一九五〇（昭和二十五）年に文化財保護法が制定されたが、北海道の小さな町ではまだ文化財に関与する情勢になかったのである。その意味から、一町民である大西と服部の出会い、そして常呂を研究のフィールドとした駒井の決断は、今日の史跡保護の原点と考えたい。

大西はその後、同大学の調査に協力するとともに東京大学文学部附属常呂実習施設、資料陳列館の開設に尽力し、樺太アイヌの生活が困窮しているときは、服部とともに町・網走支庁に出向いて対策を要望した。偏見をもたない人情溢れる行為は、幼少時にアイヌとの生活上の接点があったからである。

一九八四（昭和五十九）年に常呂町樺太アイヌ文化保存会が結成され、失われかけていた古式舞踊、トンコリ（五弦琴）、板船、刺繍作成など、樺太アイヌの文化を伝承することができたのも二人の出会いに帰結する。

竪穴群のみならず朝日トコロ貝塚、トコロチャシ跡遺跡など学史に残る重要遺跡を発見・踏査し、保護に情熱を注いだ生涯であった。一九七一（昭和四十六）年北海道文化財保護功労者賞。一九八〇（昭和五十五）年八十一歳で逝去。

3　東京大学文学部考古学研究室の調査

北海道のなかでも常呂地域は他を圧倒する規模の遺跡があり、一九五七（昭和三十二）年から東京大学文学部考古学研究室により調査されてきた。しかし、一遺跡に対して数ヵ年継続して調査されるため、発掘された遺跡数や発掘面積は限定されている。海岸砂丘上の大規模遺跡にあっては二五〇〇軒の竪穴のうち一三軒にとどまっている。その理由は史跡指定にともない発掘調査が制約されたこともあるが、学術調査は特定の研究目的を達成するためのものであり、かならずしも全面積を対象としないからである。

常呂町による緊急発掘調査も一九七六（昭和五十一）年から実施されてきた。史跡の一画を占める栄浦第一・第二遺跡は三年間、常呂川河口遺跡は一五年間におよぶ調査であった。東京大学文学部考古学研究室による緻密で学際的な研究と常呂町による大規模調査により、各時代・文化の様相がしだいに明らかになってきたといえる。

網走市モヨロ貝塚を嚆矢とする組織調査は、東京大学文学部考古学研究室や北海道大学医学部解剖学教室など学術機関に影響を与え、道内各地で考古学調査が行われた。そのなかにあって、東京大学文学部考古学研究室だけが教員常駐の研究施設を常呂町に構え現在にいたっている。斜里方面にも調査履歴をもつが、常呂川流域をフィールドにした調査・研究が開始され、綿密な調査計画と方法論による発掘は旧石器からアイヌ文化期にいたる全時代（表1）が対象となっている。その成果は、遺構・遺物一つ一つに詳細な調査経過を述べ、小括で結ぶ独特の報告スタイルによって網羅されている。調査によって導かれた成果や課題・

表1　北海道と本州の時代区分

［北海道］			［本州］	
旧石器時代		BC 8000	旧石器時代	
縄文時代 早期		6000	縄文時代 草創期	
縄文時代 前期			縄文時代 早期	
縄文時代 中期		2000	縄文時代 前期	
縄文時代 後期			縄文時代 中期	
縄文時代 晩期			縄文時代 後期	
			縄文時代 晩期	
続縄文時代 早期		0 AD	弥生時代 前期	
続縄文時代 前期			弥生時代 中期	
続縄文時代 中期			弥生時代 後期	
続縄文時代 後期			古墳時代	
続縄文時代 晩期	オホーツク文化		飛鳥 奈良時代	古代
	オホーツク文化	700	飛鳥 奈良時代	古代
擦文時代 早期	オホーツク文化	800		古代
擦文時代 前期	オホーツク文化／トビニタイ文化	900	平安時代	古代
擦文時代 中期	オホーツク文化／トビニタイ文化	1000	平安時代	古代
擦文時代 後期	トビニタイ文化	1100	平安時代	古代
擦文時代 晩期	トビニタイ文化	1200	鎌倉時代	中世
		1300	鎌倉時代	中世
内耳土器時代	原アイヌ文化 前期	1400	室町・戦国	中世
内耳土器時代	原アイヌ文化 前期	1500	安土桃山時代	中世
	原アイヌ文化 中期	1600		
チャシ時代	原アイヌ文化 後期	1700	江戸時代	近世
		1800	江戸時代	近世
明治時代	新アイヌ文化	1900	明治時代	近代

問題点を抽出した的確な分析は、北海道考古学を先取してきたといってよい。

東京大学文学部考古学研究室の調査目的・方針と調査成果の概要を、四期に区分してあげてみよう。

(一) 第一期の調査（昭和三十二～三十八年）

常呂町内遺跡と知床半島にある遺跡の比較研究を目的に、重要な遺跡調査が相次いで行われた。両地域から出土したオホーツク文化から縄文文化早期にいたる土器の一九分類は、広域編年の萌芽とみてよい。さらにオホーツク文化の竪穴内部の構造、羅臼町トビニタイ遺跡出土土器（トビニタイ式）や擦文文化との時間関係が具体的に論じられ、土器型式を含むオホーツク文化研究の骨格がつくられた。

朝日トコロ貝塚の調査では、北筒式トコロ六類、五類が層位的に確認され、標式資料として型式設定されるなど、北海道東部の縄文文化中期貝塚の内容が初めて明らかにされた。縄文文化早期一四類土器は、研究者間で意見が分かれていた石刃鏃の土器共伴論争について、一石を投じることとなった。

トコロチャシ跡遺跡の調査は第三期に連なるもので、オホーツク文化とアイヌ文化の年代観、オホーツク文化の竪穴の構造と変遷解明など学史に残る重要な成果が得られた。「オホーツク海沿岸・知床半島の遺跡」（上巻）に盛り込まれた東大編年と称される駒井和愛、佐藤達夫の擦文土器編年は、後の編年研究に影響を与えていった。

(二) 第二期の調査（昭和三十九～四十五年）

常呂川下流域に所在する遺跡の基礎資料の蓄積を目的に、一般分布調査と竪穴群の地形測量を主眼とした。基礎的調査と併行して栄浦第二遺跡の発掘も行われ、竪穴の窪みの形状と所属時期が明確にされるとともに、擦文期とオホーツク文化期の年代確認と土器編年も追及された。

大規模集落である栄浦第二遺跡と中規模集落である岐阜第二遺跡は、大規模遺跡と中・小規模遺跡の相互関係と集落構造の解明が目的であった。

ワッカ遺跡は立地状況の変化を探るために調査された。常呂川流域を対象とした擦文土器の藤本編年、擦文土器とオホーツク文化の融合形式であるトビニタイ土器の菊池編年が結実するなど、擦文文化研究の基盤が確立された時期である。

このように、第一期、第二期は常呂遺跡群解明の基礎的調査が実施されると同時に、全道的な擦文土器編年の骨格ができた時期でもある。その一翼を担ってきたのが東京大学文学部考古学研究室であった。

擦文土器の編年

さて、これまで編年という言葉を使用してきたが、この編年こそ考古学研究の基本的な方法論である。遺跡から出土する個々の遺物を取り上げ、時間的な前後関係、すなわち縦系列の変遷過程を明らかにしようとするのが型式編年である。日本ではとくに土器型式編年が緻密なまでに編成されてきた。土器の型式編年は器形や文様などの特徴を系統的にとらえるわけであるが、擦文土器の編年に最初に取り組んだのが、前にも記した駒井和愛による編年＝東大編年、佐藤達夫による編年＝佐藤編年である。以後、石附喜三夫による編年＝石附編年、菊池徹夫による編年＝菊池編年、大井晴男による編年＝大井編年、藤本強による編年＝藤本編年、宇田川洋による編年＝宇田川編年が相次いで発表された。各氏の編年観は大枠で一致したものとなっているが、これらの編年の指標となる土器は常呂遺跡群出土資料とその調査成果が多く採用されている。このことは東京大学文学部考古学研究室が擦文文化研究の主導的役割を果たしてきたからにほかならない。

各氏が北海道内における擦文土器の編年対比を行ったのに対し、藤本は常呂川流域に限定した地域的編年を行っている。とくに常呂遺跡群のように擦文期の竪穴が多い地域では竪穴相互の前後関係、同時併存を把握する上で大きな意味をもつ。また、同一地域内における属性を含めた詳細な変遷を解明することは、単なる時間的関係にとどまらず、遺跡間・村落間の同時性・共存性の証明につながるものである。藤本は一九七二（昭和四十七）年の発表以来、主に岐阜地域・ライトコロ川口周辺遺跡について、数次にわたる学術的調査が終了するたびに分析を継続して行っており、これまでに分析された土器は大型鉢形土器一五三、中型鉢形土器一一二、小型鉢形土器四五、坏形土器六〇、壺形土器六の計三七六個体におよんでいる。この数にはこれまで報告してきた大型鉢形土器三七、中型鉢形土器四五、小型鉢形土器三八、坏形土器三五、壺型土器三の常呂川河口遺跡の土器は含まれていない。今後は、藤本も指摘するとおり距離を隔てる岐阜地域・サロマ湖東岸周辺と常呂川河口周辺遺跡から出土した擦文土器の詳細な分析がまたれる。

一般分布調査　一般分布調査とは、地表面の踏査により、遺物の有無や竪穴の窪みを発見して遺跡の存在を確認する基礎調査である。とくに道東地方は多くの竪穴が窪みとなって残されているため効果的である。この基礎調査がおろそかになれば、開発行為等によって遺跡が破壊されてしまう確率が高くなるので、地域の遺跡分布を明確にすることが最重要であった。

常呂川流域周辺に限定するものの、一般分布調査をいち早く実施した結果、網走市・能取岬・湖周辺域三七カ所、常呂・サロマ湖東部地域一〇五カ所、佐呂間別川流域一四カ所、湧別芭露地域五カ所の遺跡が発見された。

現在の常呂・サロマ湖東部地域の登録遺跡数は一三二カ所と大きな増加はないので、すでにこの時点で常呂川流域の遺跡分布の様相が明らかになっていたといえる。

埋蔵文化財の周知化

遺跡の発見と同時に、行政側は地域住民に遺跡の存在を積極的に周知しなければならない。研究者や行政の担当者が認知していても、土地所有者が無関心であれば破壊されるのである。たとえば隣町のチャシ跡は行政側が認識していた遺跡であるものの、一部が削平され倉庫と道路が取り付けられた。同町ではさらに、道路拡幅工事により二カ所の遺跡が破壊される直前であった。これは原因者側が埋蔵文化財保護のための事前協議を怠ったことによる。後述するが常呂町においても竪穴群の破壊があった。

開発行為にともなう事前協議の徹底化、専門職員の未配置など体制が不十分であれば、発見されていたとしても破壊の憂き目にあってしまう実例である。

最近、地方自治体の合併が進み地域は拡大したが、それに見合う保護体制はかならずしも充分でない。数少ない専門職員で広域をカバーするのはむずかしい状況であり、専門職員が中核となって住民やボランティア団体と連携した遺跡保護のネットワーク化が急務である。地域の文化財・文化遺産は、それぞれの地域で守るという考え方に立ち返ることであり、その意識高揚に努めることがいっそう文化財行政に求められているのではないだろうか。

竪穴住居跡群の測量

地形測量は考古学の基本作業であると同時に、遺構の立地を紐解く必要調査でもある。東京大学文学部考古学研究室は植林・開墾等によって竪穴の所在が不明になることを危惧し、一九六五（昭和四十）年～一九七〇（昭和四十五）年に竪穴をもつ遺跡の地形測量を行ったが、それはまた常呂川下流域の調査を本格化させる基礎的調査の開始でもあった。

その結果、栄浦第二遺跡と常呂竪穴群の二五〇〇軒におよぶ大規模集落と周辺にある中・小規模集落の竪穴分布の全貌が、一九七二（昭和四十七）年に『常呂』地図編（東京大学文学部）として初めて公表された。ともすれば大規模遺跡にのみ眼をうばわれがちになるが、町内で肉眼観察できる二六遺跡三千数百軒におよぶ竪穴のすべてが網羅されている。当時の考古学界でも大規模集落を含む広域の竪穴群測量は例がなく、画期的な取り組みとして評価される。

（三）第三期の調査（昭和四十六～平成十三年）

擦文文化期における小規模集落の構造研究と、集落変遷解明を目的とした調査が行われ、居住地選定における規制論が提示されるなど、擦文集落研究のエポックとなった。

第一期につづき、一九九一（平成三）～一九九七（平成九）年にトコロチャシ跡の調査を本格化させた。壕・チャシ跡主体部が全面発掘され、柵列、アイヌ墓、類ルィカ遺構の存在など、十八世紀代におけるアイヌ文化の実相が考古学的な手法によって明らかにされた。

一九九八（平成十）年から二〇〇一（平成十三）年のトコロチャシ跡遺跡オホーツク地点七

号・八号竪穴の調査では炭化木製品がみられ、主柱、板壁の遺存状況から竪穴内部の構造復元に優れた情報を提供した点で注目される。

(四) 第四期の調査 (平成十年から現在)

東京大学文学部考古学研究室と常呂町の共同研究の期間でもある。一九九九(平成十一)～二〇〇一(平成十三)年に地域連携推進研究の一環として、トコロチャシ跡遺跡の史跡指定にともなう確認調査を実施した結果、縄文文化早期からアイヌ文化期にいたる複合遺跡であることが明確になった。とくに存在が予想されていたオホーツク墓は、集落からやや離れた位置から二基発見された。墓域の存在は同文化の社会・集落構造の解明上も特筆される。今後はさらに確実視されているオホーツク墓の位置を特定し、集落と墓域が一体となったオホーツク文化集落復元のための資料蓄積が必要である。

二〇〇四(平成十六)年からは、史跡整備にともなうオホーツク九号・一〇号竪穴の合同調査を開始した。

二〇〇五(平成十七)年には、これまでの長期にわたる相互の協力関係と実績にもとづき、遺跡・文化財および自然環境・景観など学術・教育分野、東京大学職員・学生等と常呂町民の交流、講演・講座・シンポジウムなど文化的企画においてさらに協力と支援を進めるための地域交流協定も締結した。大学と地域のあり方を探るモデルケースとして今後の連携活動が期待される。

4　常呂町の調査

昭和四十(一九六五)年代から活発になった砂利採取は個人業者や営農上の問題など個人的レベ

ルであったが、昭和五十（一九七五）年代は行政機関による開発行為が計画され緊急発掘調査が相次いだ時期である。

とくに一九八八（昭和六十三）年から二〇〇三（平成十五）年までの一五年間におよんだ常呂川河口遺跡は稀にみる多層遺跡であり、八層におよぶ文化層の検出は、先学諸氏が積み上げてきた縄文前期から晩期にいたる土器編年を再検証することとなった。上層には縄文晩期、続縄文、擦文・オホーツク、アイヌ文化まで一連の遺構があり、いまひとつ実態が不明であった道東部の縄文文化晩期から続縄文文化初頭にいたる土器型式編年、集落形態と墓制。オホーツク文化一五号竪穴の遺物出土状況から推測された拡大家族の存在。低湿地出土のアイヌ期木製品など、きわめて重要な考古学的情報が得られている。

一九九〇（平成二）～一九九三（平成五）年の栄浦第二・第一遺跡は、史跡に接した道路敷地内のかぎられた調査であったが、オホーツク文化竪穴と墓、擦文文化期の織機である箱型開孔板綜絖《かいこうばんそうこう》、縄文前期末葉の円形石囲み炉群など新発見があった。

5　啓蒙・普及活動

教諭の立場で網走・北見地方における文化財の保護・啓蒙・研究に取り組んだ一人が畠山三郎太である。北海道学芸大学札幌分校学芸学部卒業後、一九五九（昭和三十四）年に網走市第二中学校へ赴任した畠山は、さっそくに人文科学クラブを結成した。野外踏査を中心とした活動を行い、網走、紋別などの遺跡調査や生徒とクラブ誌「科研資料」を発行し、調査・研究成果を発表している。卒業生は高校に人文科学研究部を設立し、網走湖底遺跡の発見やオロッコ族の舞踊伝承活動などの成果をあげた。

その後、「次は遺跡の宝庫である常呂町に行きたい」と知友である管野友世に語っている。願いかなって一九六八（昭和四十三）年から七年間常呂中学校に在職する。同校では郷土研究同好会を設立し、アイヌの丸木舟、オホーツク文化期の鉄鉾の発見につながっていった。

常呂遺跡（栄浦第二遺跡）は、史跡指定前の一九六九（昭和四十四）年に、公的機関相互の連携が不充分なため道路拡幅工事により二〜三軒の竪穴が破壊された。この破壊行為は、本書の監修者でもある菊池徹夫が、当時、東京大学文学部附属常呂実習施設に勤務していた際に発見したのであるが、このときも生徒を連れて遺物の採取を行い、町に対して「埋蔵文化財を保存するセンスがまるでない」と朝日新聞紙上で批判している。昭和四十年代初頭のこの時期に、中学生に対し、歴史教育に目を向け郷土研究を基礎としたクラブ活動を実践したことは高く評価しなければならない。生徒に文化財の重要性と価値を説き、町民大学講座の講師も勤めた。一九九七（平成九）年六十二歳で逝去。日本考古学協会員。

現在、小・中学校の総合学習時間では地域に目を向けた授業が組まれているものの、高等学校を含め人文・歴史系の活動が停滞していることは残念である。社会教育と学校教育が連携した学社連携、学社融合の言葉もさけばれて久しいが、今後はさらに博物館などが実践する地域学習の機会提供が必要であると感じている。

大西信武は考古学の専門家ではなかったが、遺跡に対する熱意が服部四郎に共感を与え東京大学考古学研究室による調査の道を開いたのである。

一方、研究者である畠山三郎太は教諭の立場にあって将来ある生徒に文化財の重要性を説いた。教えを受けた生徒は良き理解者となり、研究者となって活躍している。二人の境遇は異なるものの、真摯な姿勢で文化財保護の信念を貫きとおしたことを留めておきたい。

東京大学文学部附属常呂実習施設も学術調査と併行して、一九七〇（昭和四十五）年から二年間にわたり広報誌に「郷土の文化財」を連載。文化連盟機関紙『新墾』にも常呂町の遺跡を解説するなど着実に啓蒙活動を進めた。

一九六五（昭和四十）年代の常呂町の文化財保護体制はまだ不十分であった。専門職員の配置も一九八〇（昭和五十五）年のことである。このため、本来は行政が実施しなければならない埋蔵文化財の周知化、啓蒙活動は、大西信武、畠山三郎太、東京大学文学部附属常呂実習施設により補われていたといっても過言ではない。この地道な下支えがあり、徐々に遺跡の重要性が認識され、史跡指定の機運が盛り上がっていったのである。

Ⅲ　史跡指定された集落遺跡

文化財保護法第二条において文化財の定義が示され、同条四項では「貝づか、古墳、都城跡、城跡、旧宅その他の遺跡で我が国にとって歴史上又は学術上価値の高いもの」として遺跡等に対する規定がなされているとおり、常呂遺跡は各文化期の集落構成に学術的重要性が認められる点から史跡指定を受けた。

一九七四（昭和四十九）年三月十二日に海岸砂丘上の栄浦第二遺跡と常呂竪穴群の二遺跡がまず指定された。その後、サロマ湖東岸地域の遺跡（一九八七年八月二十一日追加指定）、サロマ湖畔に面する岐阜台地西部地域の遺跡（一九九〇年四月二十七日追加指定）、常呂川河口右岸地域では複数の遺跡（一九九八年九月二十日追加指定）を統合し、これらはすべて常呂遺跡として追加指定を受けている（図4）。この四地域は比較的隣接するものの集落構造が異なる点に最大の特徴がある。

本章では史跡指定地の環境と竪穴分布、指定の背景について述べ、次章から史跡指定地と周辺遺跡の調査成果をもとに常呂遺跡群を詳解することにしたい。

凡　　例

	遺　　跡　　名
①	栄浦第二遺跡（史跡常呂遺跡）
②	常呂竪穴群（史跡常呂遺跡）
③	サロマ湖東岸地域の竪穴群（史跡常呂遺跡）
④	岐阜台地西部地域の竪穴群（史跡常呂遺跡）
⑤	常呂川右岸台地の竪穴群（史跡常呂遺跡）
⑥	岐阜第二遺跡
⑦	岐阜第三遺跡
⑧	常呂川河口遺跡
⑨	トコロ朝日貝塚
⑩	ライトコロ川口遺跡
⑪	栄浦第一遺跡
⑫	大島遺跡
⑬	TK50 遺跡
⑭	TK60 遺跡

オ　ホ　ー　ツ　ク　海
ワッカ原生花園
サロマ湖ワッカネイチャーセンター
栄浦漁港
栄浦大橋
サロマ湖
ライトコロ川
六号
八号
岐阜
国道238
常呂町
富丘
浜佐呂間
佐呂間別川
佐呂間大橋
十五号
西五線
富丘地区コミュニティセンター
1000
0
1000
2000
3000
4000m

図4　常呂遺跡群分布図

1　栄浦第二遺跡・常呂竪穴群

三本の砂丘帯

常呂川河口からサロマ湖東岸に延びる海岸砂丘を、アイヌはサマッ・キピリ（横たわっている・砂丘）と称した。砂浜から見る砂丘台地は幅約三〇〇メートル、延長約四・八キロにわたっており、まさに横たわるという表現そのものである。

砂丘は一本に見えるが、海側から新砂丘Ⅱ、新砂丘Ⅰ、古砂丘の三本に分かれる。一般的に陸側の砂丘ほど古いとされるが、この砂丘も同様であり、古砂丘が最も古い。古砂丘には縄文文化前期末葉の遺構、同中期の竪穴や地点貝塚が遺されているので、これより以前に形成されたことは確実である。

植生も大きな変化がみられる。古砂丘、新砂丘Ⅰはカシワ・ナラを主体とした落葉広葉樹の森林である。樹木は高さ約一〇～一二メートル、直径約三〇～四〇センチの巨木から、高さ三～七メートルの小木までさまざまである。樹木の多くは冬期間の北西風の影響を受けているため、ほとんどが南側に傾斜した偏形樹木である。

一方、オホーツク海とサロマ湖を遮断する海側の新砂丘Ⅱには樹木は見られず、原生花園となっている。新砂丘Ⅱに遺跡はまったく存在しないので、擦文文化期以降に形成されたと考えられている。

松浦武四郎の道

海岸砂丘のなかに幅一・五メートルほどの一本の道がある。市街地からサロマ湖東岸の鐺沸《とうふつ》地区までつづく約五キロの旧道は、アイヌがトイ・ル（踏み分け・道）と称し、地元では武四郎の歩いた道として知られている。アイヌはおもに海岸を歩いたが、海岸に近いこの道も要路として利用したのである。途中にオタ・チプ（砂の・舟）、トクセ・キピリ（突起している、突起した・丘）と称する場所もある。アイヌは特徴ある地形に名前を付けたが、それは通行上の目標になるものであった。一八五六（安政三）年、一八五八（安政五）年にトコロに立ち寄った武四郎は、アイヌ数人を案内人としてこの道を歩いたとされる。博物学に通じる武四郎は、歩きながら累々と連なる多くの窪みに驚嘆したのではないだろうか。

森林内に残る竪穴群

北海道東部地域は、竪穴が完全に埋もり切らず、地表面が大きく窪んだまま残されている遺跡が多い。この原因は、海岸部の地域は強い北西風の影響を受けて枯れ葉が飛ばされ、冬期間の積雪と寒冷のため腐食土の堆積が進まないことによる。

この結果、常呂遺跡群には地表面から観察できる竪穴が数多く残されたわけであるが、そのなかで最大規模を誇るのが一九七四（昭和四十九）年に指定を受けた栄浦第二遺跡（図5）・常呂竪穴群（図6）である。両遺跡の竪穴総数は約二五〇〇軒におよぶ（表2）。

道々サロマ湖公園線沿いの林道に一歩足を進めると、無数の窪みが眼につく。延長約四・八キロの砂丘上に、大きいもので直径一〇数メートル、深さ一・五メートルを越える竪穴、小さいもので直径三〜四メートルの竪穴が、多少の濃淡はあるものの全域に分布している。より小さいものでも地表面をじっくり観察すれば地面の窪みに気づく。最も密度の高い区域（図7）では、東京大学文学部の一九七二（昭和四十七）年の報告によると、「約四・三ヘクタールに四七七軒の竪穴がある。九〇平方メートルに一つの竪穴ということになる」。陽あたりのよい南面した緩斜面につくられた竪穴は、まさに足の踏み場がないほ

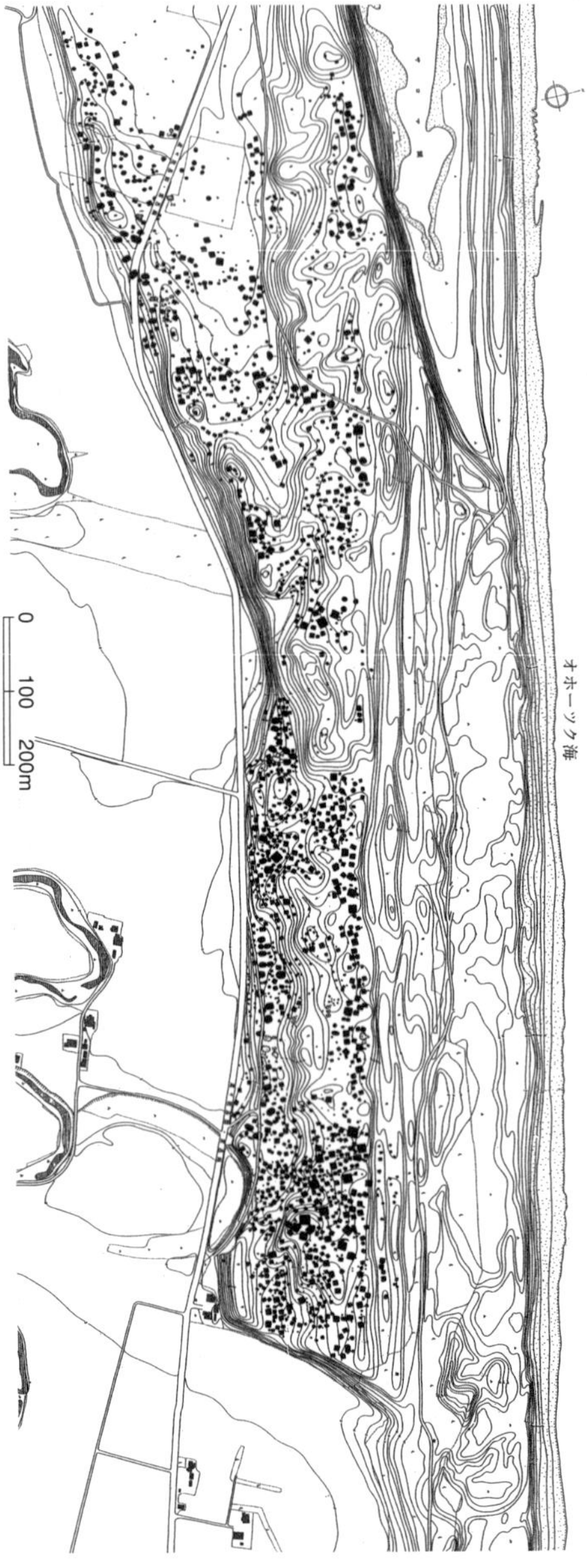

図5　栄浦第二遺跡竪穴群

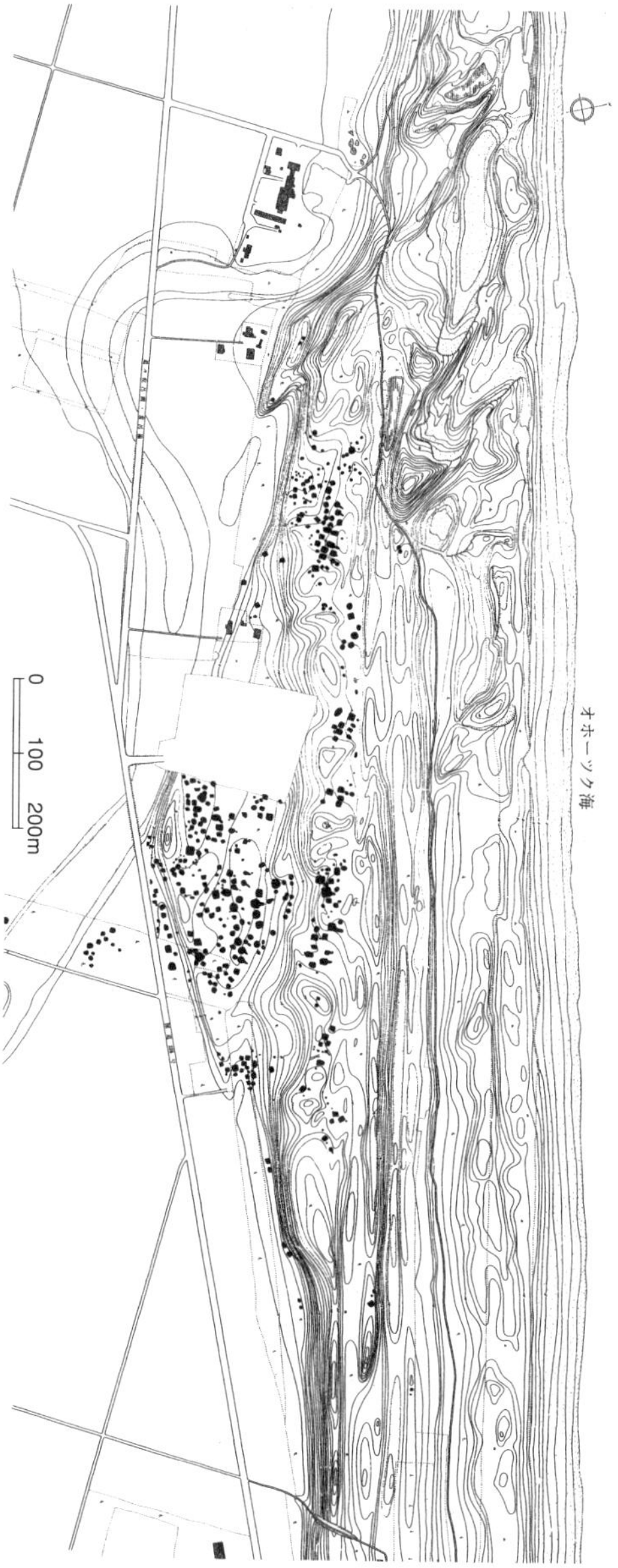

図6　常呂竪穴群

図7　栄浦第二遺跡竪穴最密集地域

表2　栄浦第二遺跡・常呂竪穴群の竪穴総数

竪穴の形態	栄浦第二遺跡	常呂竪穴群	計
方形竪穴	1074	214	1288
六角形竪穴	47	0	47
円形竪穴	848	233	1081
有舌竪穴	23	22	45
不明	38	0	38
計	2030	469	総計　2499

ど密集しており、窪地の残雪は竪穴であることを示している（口絵1頁）。竪穴は急傾斜地や皿状の窪地を避けた平坦面や沢筋の緩斜面に構築されているものの、さらに詳細にみると、時期、大きさによって共通点のあることがわかっている。

各時期の竪穴分布の傾向性は、まず最も多い擦文期の方形竪穴が等高線沿いにある。なかでも大型竪穴は尾根上の高い所にあり、二～三軒で群をもつ。他の遺跡でも大型竪穴は好立地の場所にあるので、集合施設など住居以外の建物であったことも考えられている。

五角・六角形のオホーツク文化期の竪穴は、南面した緩斜面で帯状に分布する。とくに旧河川であるライトコロ川に面した南側の緩斜面に集中している。

縄文晩期・続縄文の竪穴は砂丘北縁の東側と南側の平坦面にあり、舌状部を東～北側に向ける。

縄文期の円形竪穴は細い尾根上の高い所に分布する。

このことから第二期に行った竪穴測量の際に飯島武次、菊池徹夫、後藤直、藤井竜彦、藤本強、宇田川洋の各氏が検討した結果、地形と竪穴の分布密度の相関性から栄浦第二遺跡は十群に分けられたが、連続した分布であるため明確に分離されるとは限らないとも指摘されている。それほどまでに大小の竪穴が累々とみられるのである。

史跡の竪穴総数二四九九軒のうち、東京大学文学部考古学研究室による一三軒。常呂町教育委員会により指定時に除外した道路敷地の緊急発掘調査で二九軒の調査歴があるだけであり、ほとんど手付かずの状態で残されている。

窪みの解明

竪穴群の航空測量と併行して、窪みの形状から時期を明らかにする発掘調査の結果、方形は擦文期、六角形はオホーツク文化期、円形に舌状部をもつのは縄文晩期・続縄文期、円形は縄文期であることが確認された。発掘しなくても窪みの形態からある程度の時期が推測できるのである。とくに大集落遺跡など全面発掘が不可能な遺跡において、時期判断が可能となったことは画期的である。この後、北海道の研究者は同様の目線をもって竪穴の窪みをとらえており、遺跡保護の観点からも高く評価される。

史跡指定の背景

史跡指定協議は、すでに遺跡の発掘を進めていた東京大学文学部と、七二%を占める国有林の管理者である北見営林支局に対して折衝がつづけられた。当初、東京大学は史跡になると研究調査ができなくなり、発掘実習に支障をきたす危惧から指定に消極的であった。このことは、常呂町に野外調査の拠点をもち研究業績をあげていたためやむを得ないことであった。その打開策として「道条例の史跡指定として一定区域の発掘調査を認める」という折衷案もだされた。

北見営林支局からは「史跡指定予定地の国有林は保安林に指定されているので、そこに埋蔵されている遺跡は実体上保護されている。遺跡破壊の恐れがないのに、史跡指定という二重の規制をする必要がない」という意見もあった。

しかし、史跡指定について検討中の一九六九(昭和四十四)年に、常呂竪穴群の民有地が突然、砂採取にともなう破壊を受けた。砂はコンクリートなど建築材の原料となるもので需要が高い。海浜砂は砂利採取法によって禁止されているため、海岸外の砂丘が標的となったのである。この場所は、前章で述べた地域とは別地点であり、破壊面積は約一万九〇〇〇平方<ruby>メートル</ruby>におよぶ。周辺の竪穴の密集度から勘案して続縄文、擦文期の竪穴が相当数破壊されたであろう。破壊行為は翌日、マスコミに大々的に報道され、砂採取は即刻中止された。行政側は史跡の仮指定で対処したが、それは本指定までの数々の手続きをクリアするには相当の期間を要するためにとられた緊急措置であった。

仮指定について、文化財保護法第百十条の規定には「指定前において緊急の必要があると認めるときは、都道府県の教育委員会は、史跡名勝天然記念物の仮指定をおこなうことができる」とある。まさにこの時点は猶予のならない緊急事態であった。

この破壊を前に、保存・保護を前提とする大学側が積極的に指定推進の立場にたった。一九七〇（昭和四十五）年五月二十一日、関野雄教授から「東大の意見として国史跡指定に賛成です。全力をあげて協力します」との聞き取り書が残されている。

なお、指定面積は一〇二万三〇〇〇平方<ruby>メートル</ruby>におよぶ広大なものである。

2　サロマ湖東岸地域の竪穴群

海岸に面する旧砂丘はしだいに標高を下げ、サロマ湖東岸、ライトコロ川と並行しながら南・北に分岐する。北側の砂丘帯は平坦化し鐺沸地区の市街地にいたる。

一方、追加指定地である南側の砂丘帯は標高約

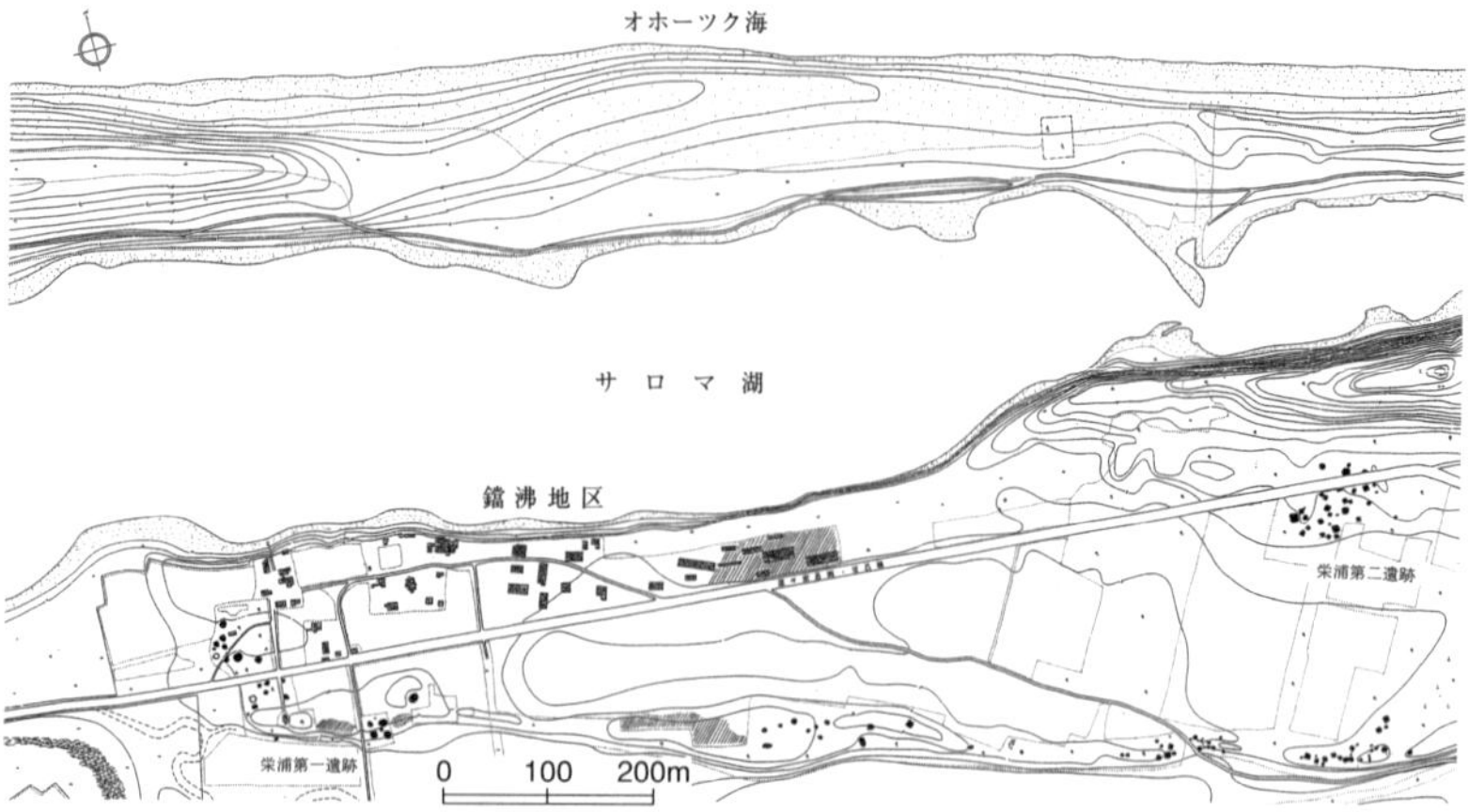

図8　サロマ湖東岸地域の竪穴群

三～五メートル、幅約四〇～八〇メートルと細長く、サロマ湖東端まで延びる。低木のカシワ・ナラの樹林内に一九軒の竪穴と六軒の小竪穴が地表面から確認できる。砂丘の南側は急傾斜してライトコロ右岸遺跡のある低地帯につづいている（図8）。鐺沸とはアイヌ語でトー・プッ（湖・口）の意味であり、現在は完全に閉塞されてしまったが、新砂丘Ⅱには一九二九（昭和四年）までオホーツク海と湖を結ぶ湖口が存在していたのである

一八〇七（文化四）年、田草川伝次郎による『西蝦夷地日記』では、この地域に三五戸、一三六人のアイヌコタン（集落）があった。近くにあるライトコロ川口遺跡のアイヌ墓は、中世に相当する十五世紀の頃のものであり、この地域はトコロコタンと並ぶアイヌコタンが古くから形成されていたことがわかる。

図9　栄浦第一遺跡遺構分布図

密集した遺構群

南側砂丘の最西端にあるのが栄浦第一遺跡である。一九五七(昭和三十二)年に擦文期二軒、時期不明一軒の竪穴を東京大学考古学研究室が初めて調査した記念すべき遺跡でもある。

その後、一九七八(昭和五十三)～一九八二(昭和五十七)年に縄文晩期前半と続縄文前半期の土器型式変遷、集落と墓域の解明を目的とした調査が行われた。八〇〇平方メートルの狭い範囲から三三軒の竪穴と一八八基のピットが検出され、遺構の切り合いが激しい続縄文期のピット群が、竪穴よりも砂丘の頂部に位置することが報告された（図9）。

一九九三（平成五）年の道路拡幅にともなう緊急発掘調査では、縄文前期末葉の石囲み炉群、縄文晩期・続縄文期などの竪穴八軒、縄文中期一基、続縄文三基、アイヌ期一基など一〇三基のピットを調査している。これらの竪穴は自然堆積によって完全に埋没しており、地表面からまったく確認できなかったのであるが、この調査は、竪穴がすべて窪んでいるのではなく、大部分は埋没してしまい、地表面から窪みを確認できない遺構も相当数あるという事実を提供したことに意味をもつ。このことから栄浦第二遺跡や常呂竪穴群など、他の集落遺跡においても埋没してしまった同様の竪穴があることは容易に想像できるからである。このような状況を鑑みると、二五〇〇軒を数える栄浦第二遺跡や常呂竪穴群ではさらに竪穴が増加すると思われる。

追加指定の背景

実はこの地域は、一九七四（昭和四十九）年の本指定の際に遺構の密度が低いことから除外された経緯がある。

一九七七（昭和五十二）年に砂丘帯を中心とした砂利採取が計画され「埋蔵文化財保護のための事前協議書」が土地所有者から提出された。昭和四十（一九六五）年代は建築原材の獲得を目的としていたが、この頃から営農上の問題として砂利採取が行われるようになっていた。砂地は作物の生育を阻害するため、土壌改良の目的で砂利採取を頻繁に行い、砂利採取後に火山灰と有機質土を埋め戻して良質の畑にするのである。

当初、行政内部では、砂丘上部の竪穴軒数が他の地域から比較するときわめて少ないため、緊急発掘調査も検討していた。しかし、先の東京大学文学部考古学研究室による調査結果を受け、砂丘全体に遺構が連続する可能性が高まった。このため一九八〇（昭和五十五）～一九八二（昭和五十七）年に詳細分布調査を行ったところ、砂丘上部から低面にかけて包含層が確認され、栄浦第一遺跡と同様の状態が砂丘一帯に連続することが明らかになった。したがって、五万数千平方メートルにおよぶ砂丘一帯を緊急発掘することは調査期間や費用を勘案しても事実上不可能であった。この区域は稀にみる続縄文期の集落変遷過程を残す遺跡であり、追加指定による保存が適切と判断されたのである。

3　岐阜台地西部地域の竪穴群

サロマ湖をのぞむ遺跡

本遺跡群は標高約二〇～三五メートルの海成段丘である岐阜台地の北西端部に位置し、同一台地上にあって立地の異なるST〇六・〇七・〇八・〇九遺跡の四遺跡を統合して史跡指定を受けた。四遺跡にある約一二五軒の竪穴（図10）は、カシワ・ナラ、シラカバなど一一種類の樹木とクマザサが自生する森林内に残されている。北側から入り込む深い小沢周辺にあるST〇六・〇七遺跡は、縄文期と考えられる一五軒の円形竪穴で構成される。小沢は湧水源でもある。

　中央部の馬背状の高まりにあるST〇八遺跡には、縄文期と思われる六八軒の円形竪穴があり、一部にサロマ湖畔側から内部に広がりをみせる縄

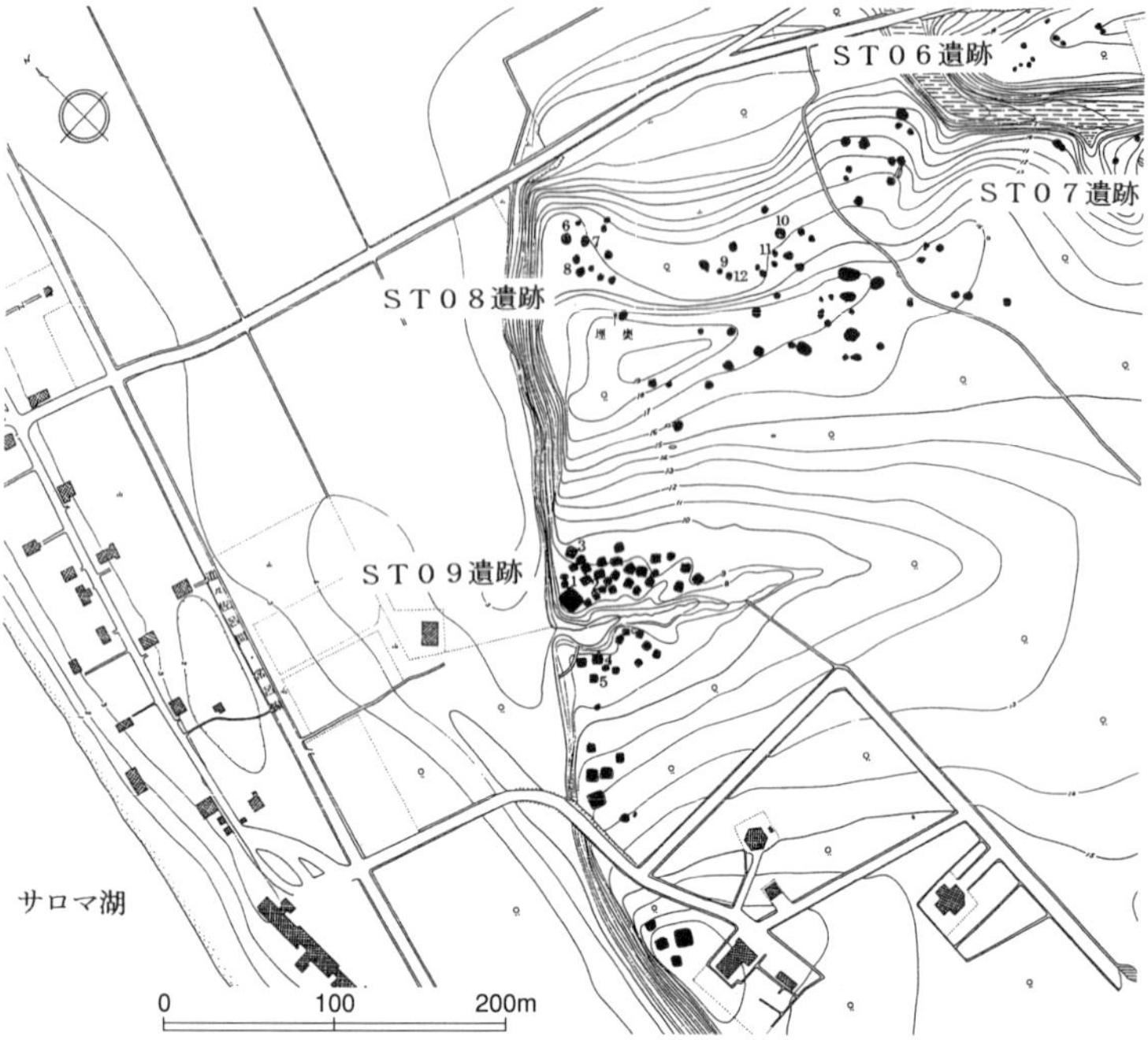

図10　岐阜台地西部地域の竪穴群（ところ遺跡の森）

文・続縄文期の竪穴群がみられる。

ＳＴ〇九遺跡はサロマ湖畔まで二五〇メートルの距離である。湧水のある小沢の両岸に四二軒の竪穴が確認できるが、窪みの形状からみてすべて擦文期の竪穴とみてよい。調査した五軒の竪穴は約一〇〇〇年前の擦文後期に比定される。

追加指定の背景　この区域では各時期の竪穴が混在する常呂遺跡群にあって、各時期の遺跡は混在せず、独立した状態で竪穴群が残されていることが最大の特色である。立地パターンが変化した唯一の遺跡であり、縄文、続縄文、擦文期の集落立地と変遷研究に重要と認識されたことから、一九八六（昭和六十一）年度に策定した史跡常呂遺跡保存管理計画では本地域の追加指定が明確に示された。

栄浦第二遺跡・常呂竪穴群など、史跡常呂遺跡は広大な規模と各時期にまたがる密集した竪穴群に特徴があるが、すべてを整備計画に反映することは限界がある。また、ひとつの時代に選定することも史跡理解に通じない。各時代にまたがる集落遺跡の場合は、それぞれの時代・文化の特徴を現わすことも必要である。その点、本遺跡は各時代の竪穴が分離しており、適切に表現する最適地と判断され、保存管理整備構想に盛り込まれることとなった。

調査は史跡整備基本計画にもとづき、三時期の「村」復元を基本原則に行った。竪穴は窪みの形態から別時期であることは明白であったが、建物復元化にともなう具体的資料の収集を目的とした調査の結果、ST〇八遺跡のなかでも続縄文期は台地の北西端部にかぎられ、縄文期は東側の小沢に向かって展開するなど、当初の推測どおり時期ごとによる居住占地の変化が実証されたのである。

また、ST〇六・〇七・〇八遺跡の縄文集落に付随する小竪穴は、機能・用途をめぐり新たな問題を提起した。

4　常呂川右岸台地の竪穴群

二つの沢に挟まれたチャシ跡遺跡

トコロチャシ跡遺跡とトコロチャシ南尾根遺跡の二遺跡を対象に指定された地域は、北側にあるアイヌ語地名のソ・エヤニ「滝が・そこにある沢」と、南側にあるサル・ウシ・マク・タ・アン・ナイ「葦原・ある・奥・に・ある・川」と称する二つの深い沢に挟まれた河岸段丘上にある。標高は約一五～三〇メートル。西側の常呂川に向かい緩斜面となる。

トコロチャシ南尾根遺跡は山林、トコロチャシ跡

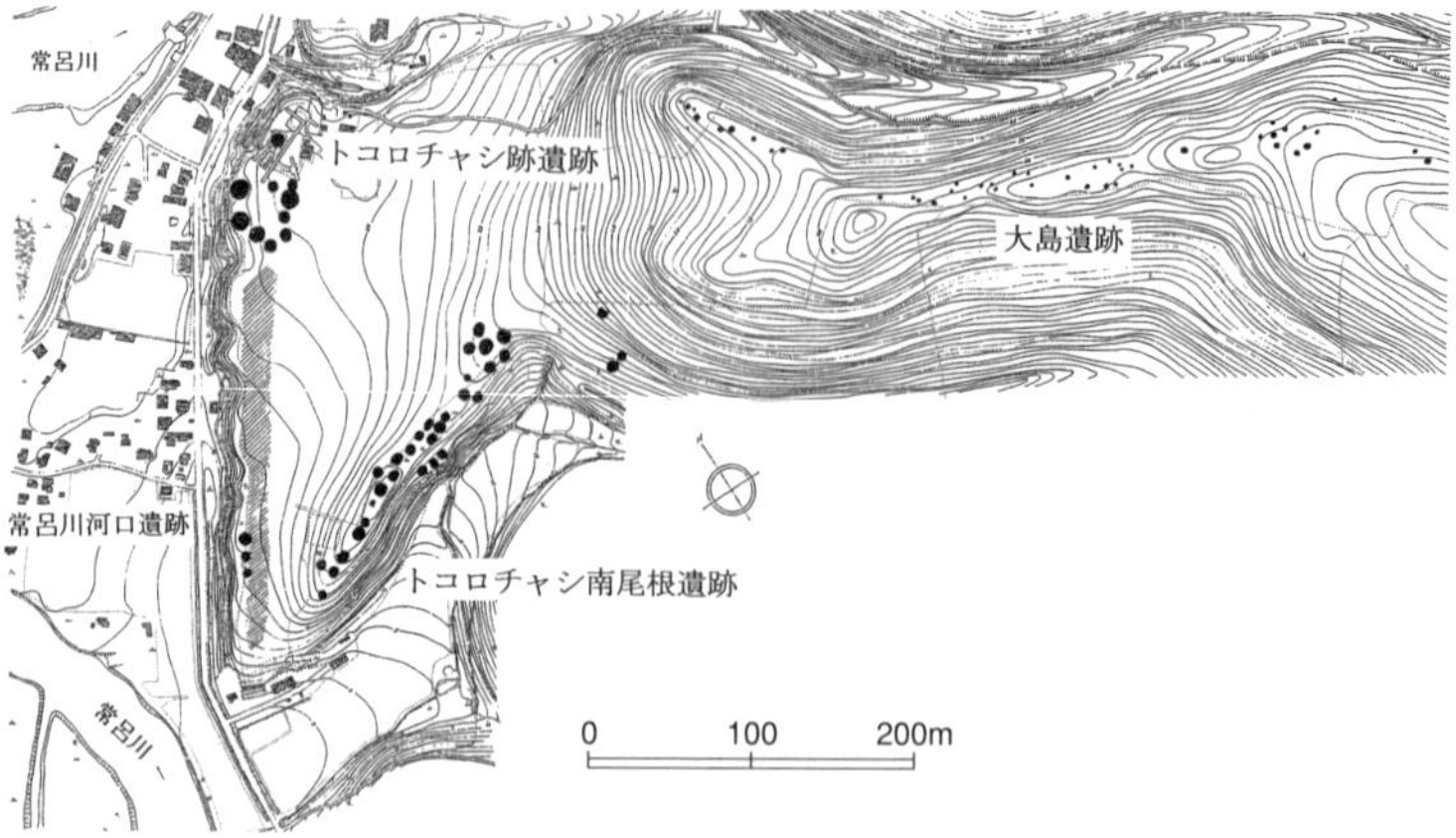

図11　常呂川右岸台地の竪穴群

遺跡の一部は山林・原野となるものの、大部分は畑作地である。

トコロチャシ跡の端部からはオホーツク海や常呂竪穴群のある海岸砂丘が広がり、眼下に常呂川の大きな蛇行部と常呂川河口遺跡のある低地面をのぞむ絶好のロケーションである。

トコロチャシ南尾根遺跡はサル・ウシ・マク・タ・アン・ナイに面し、もともと三二軒の竪穴が確認されていた。一九六四（昭和三十九）年に縄文中期北筒式の多角形竪穴が東京大学文学部により調査され、その後、一九七六（昭和五十一）年に東京大学文学部常呂実習施設によって擦文期、トビニタイ文化期、続縄文期、縄文後期の竪穴など一九軒と、一九八五（昭和六十）年に町教育委員会により擦文期、続縄文期の竪穴など九軒が調査された。したがってこの遺跡は六〇軒の竪穴が存在したことになる（図11）。

追加指定の背景

トコロチャシ跡やオホーツク文化竪穴の調査はすでに第一期で一部の調査が行われ、第三期において本格的に開始されたことによりかずかずの考古学的成果が得られたことは前述したとおりである。これをうけて平成十年から新たに史跡整備専門委員会議を立ち上げたわけであるが、専門委員会議の結論は、遺跡の追加指定と、「ところ遺跡の森」につづく北海道を代表するアイヌ期のチャシ跡とオホーツク文化の建物復元をはじめとした新たな整備計画の推進であった。

だが、第一期と第三期の調査は地表面から確認できるチャシと竪穴に限定したものであったため、トコロチャシ跡とトコロチャシ南尾根の中間地帯は畑作地ということもあり調査はされておらず、台地全域の実態は未解明のままであった。史跡追加指定にはこの中間地帯の状況確認が不可欠であることから、第四期に示した東京大学文学部考古学研究室と常呂町による合同の詳細分布調査が行われたのである。

この結果、未解明であった中間地帯には遺物包含層も残り、ほぼ全域から遺物が出土した。本遺跡は北海道考古学で区分する縄文早期・前期・中期・晩期、続縄文、擦文・オホーツク、アイヌ文化にわたる全時代・文化が集約された遺跡であることが判明した。

二〇〇二（平成十四）年九月の官報告示に掲載された史跡常呂遺跡追加指定の説明は遺跡の特徴を的確に表現している。すなわち「北海道東部の常呂川流域・サロマ湖周辺は、旧石器時代からアイヌ文化期に至る遺跡が濃密に分布し、北海道東部の考古学的変遷を一つの地域でとらえることができる。この遺跡は、樺太・大陸に起源が求められるオホーツク文化の集落構成と北海道を代表とするアイヌ文化のチャシの機能・構造が明らかになった重要な遺跡であり、これまでに指定している縄文文化・続縄文文化及び擦文文化の遺構に加え、オホーツク文化及びアイヌ文化の遺構を追加指定し、保存を図るものである」と。

だが、この地域には図11にある遺跡間の立地上の問題と縄文中期の集落構造など、考古学的課題が残されている。すなわち、史跡指定地と低位面の常呂川河口遺跡はほぼ同じ年代構成と規模をもつが、比高差は一〇～一五メートルあり、さらに高位面にある縄文中期の集落と想定される大島遺跡とは実に五〇メートルにおよぶことである。縄文中期に限れば低位・中位・高位のいずれからも遺構が検出されているのである。同一時期・同一地域における遺跡間の相互関係、立地変化は、次章の地形変遷と気候変動にともなう遺跡の盛衰の視点からも重要なテーマである。

Ⅳ　地形変遷と気候変動にともなう遺跡の盛衰

気候変動にともなう地形の変容はとくに海岸部が顕著である。かつて内湾だったオホーツク海沿岸部の湖沼は、温暖化による海水準の変化を受けて形成されたものであり、気温の変化が地形を変え生態系に影響を与えてきた。

すなわち、地形変遷にともなう各時代の遺跡が残されているこの地域は、環境条件の変化による人間活動の影響を読み解くことができるのである。

1　常呂最古の遺跡

岐阜第二遺跡K―七ポイント周辺の石器群　石器は一九五二（昭和二十七）年、佐藤達夫によって発見された。その後、一九七七（昭和五十二）年に町道拡幅工事にともなう緊急調査で石刃と剥片を主体とする石器製作ユニットが標高約一〇～一六メートルの岐阜台地縁辺部から初めて検出された。切断された石刃（図12―1～5）、刻器（図12―6）、尖頭石器、石核（図12―7）など一六

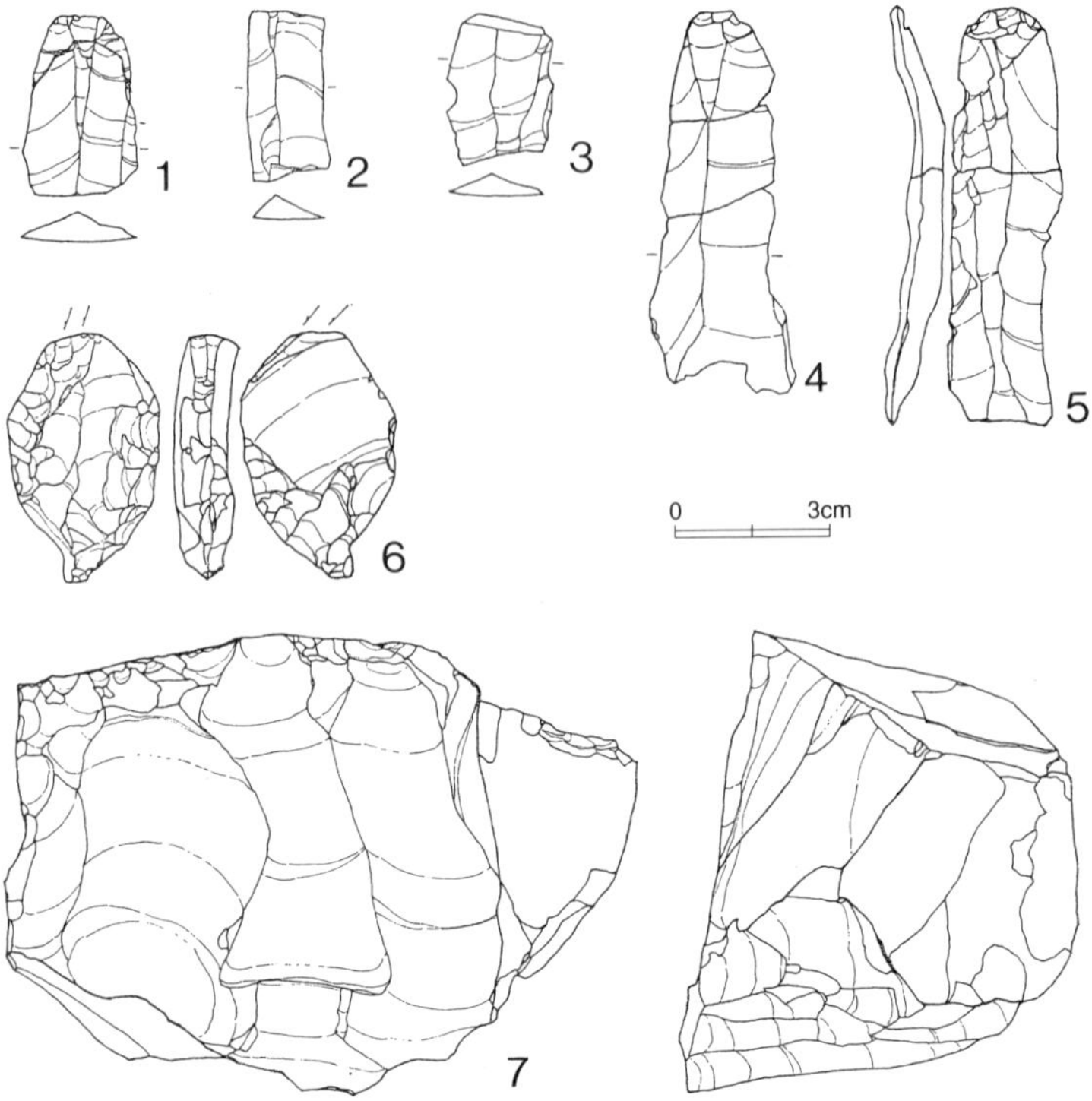

図12　岐阜第二遺跡K—17ポイント出土石器

五点の石質は、砂岩製の円礫以外はすべて白色珪質頁岩を用いる。

旧石器文化の素材となる黒曜石などは原産地周辺の石材が多用されるものの、時期、石器群によって異なる。本遺跡の石器群は常呂川上流の置戸地域に黒曜石の原産地があるにもかかわらず使用していない。常呂川上流約二五キロに位置する吉野地区のローム土に白色珪質頁岩質の母岩が含まれるので、やはり身近な石材を選択使用していたのだろう。

石器群は表土下の層厚約三〇センチの暗灰色砂質ローム層（トコロ第二ローム層）から、南北二・五メートル、東西二メートルの範囲で出土した。多くは竪穴等に破壊されているが、小沢の縁辺部などに複数のユニットの存在する可能性がある。

調査時は地質学的な見地から二万年前とされ、出土したトコロ第二ローム層がこの箇所で薄いため、同下層であれば三万年前の可能性も指摘されている。佐藤宏之は、道内各地の鍵層となる火山灰の上下層から出土した石器組成と広域的な比較研究をとおして、岐阜第二遺跡の石器は古い要素をもつホロカ型類似の細石刃石核や荒屋型類似の刻器をともなう縦長剥片石器群であり、帯広市川西C遺跡、千歳市メボシ川2遺跡Ⅱ群と同一グループとの見解を示した。帯広市川西C遺跡は一万六〇〇〇～一万九〇〇〇年BP降灰の恵庭a火山灰下層にあり、二万一四〇〇～二万一七八〇BPに比定されるので、この石器群は約二万年前のヴルム氷期後半とみられる。道内でも最古の部類に属し、常呂町で唯一の旧石器文化遺跡である。

氷河期であるため、当時の周辺環境はトドマツ、カラマツ、アカエゾマツなどの亜寒帯性針葉樹林が発達し、低地には草原や湿原が広がっていた。年平均気温が現在よりも七～八度低く、海水面も約八〇～一〇〇メートル低下していたとされ、北海道と樺太（サハリン）、シベリア大陸は陸続きであった。当時の海岸線は、現在の常呂海岸から約一四～一五キロ沖合いにあったと考えられている。

旧石器遺跡存在の可能性

現在、本地域では他に旧石器文化の遺跡は発見されていない。常呂川上流にあり黒曜石の原産地をかかえる置戸《おけと》、留辺蘂《るべしべ》、訓子府《くんねっぷ》、北見、端野地域にはこの時期の遺跡が密集するが、常呂川下流域は上流域と異なり比較的急峻な地形をもつため、遺跡は少ないと考えられる。

しかし、岐阜第二遺跡同様の小沢をもつ地形や常呂川下流域のなかでも緩斜面は注目しなければならない。朝日トコロ貝塚からは細石刃状の石器も得られているし、常呂川河口から上流約一一キロの黒滝遺跡では刻器を含む石刃石器群の存在も指摘されているので、未発見の旧石器文化遺跡が存在する可能性は高いと考えている。

2 サロマ湖の古地理変遷と遺跡

サロマ湖の形成研究は地質・地形学の分野で進められてきた。平井幸弘が提唱する、砂州下部の更新世堆積物にもとづく一三〜七万年前成立説。大島和雄が提唱する、一万BPから現在まで八期の変遷過程を想定し、七〜四〇〇〇年前に存在した三つの内湾説。遠藤邦彦・上杉陽が提唱する、土器編年、放射性炭素年代測定、火山灰などのデータにもとづいたI期〜III期の古地理が知られている。最近は地質・地形学に遺跡を含めた人文科学の側面から、環オホーツクの古環境復元に視点をあてた研究も展開されている。各研究の前提は気温上昇にともなう砂州の発達にあり、砂州の形成がサロマ湖成立の要因になっているとするのは一致した見解とみてよい。遠藤邦彦・上杉陽の古地理変遷をもとに常呂遺跡群の分布を検証してみよう。

(一) I期—海面上昇期（縄文早期、約八〜七〇〇〇年前）

約一万年前に氷河期も終わり温暖な気候になると、海水面はしだいに上昇し常呂川やサロマ湖の谷に海水が浸水した。この頃はまだオホーツク海を遮断する海岸砂丘は形成されておらず、サロマ湾とトコロ湾の二つの内湾地形であった（図13）。湾内にはマガキが繁殖しており、現在よりも温暖であったとされている。

北海道東部における縄文早期の土器は貝殻文系

の暁式、沼尻式、東釧路Ⅰ式。つづいて石刃鏃文化の絡条体圧痕文系の浦幌式、型押文系の女満別式、竹管文・類竹管文系のトコロ一四類土器。絡条体圧痕文系・縄文系の東釧路Ⅱ・Ⅲ式に変遷する。常呂町では明確な貝殻文系土器はみられないものの、石刃鏃文化の類竹管文系・類条痕文系土器が朝日トコロ貝塚Fトレンチから出土しているので、今のところ縄文期で最初に定着した人びとと思われる。

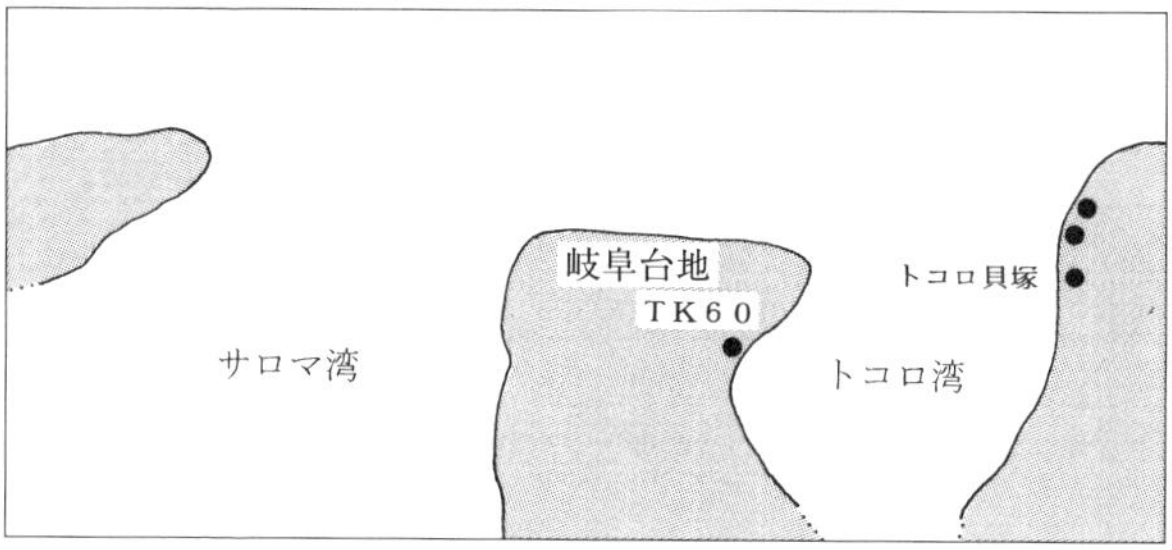

図13　Ⅰ期：海面上昇期

北東アジアに広がる石刃鏃文化

石刃鏃文化は後期旧石器文化と同一技法による円錐形石核から剥離された石器群をもつ。なかでも石刃の先端を尖らした鏃は独特のものであることから、この文化を石刃鏃文化と称することになった。

遺跡はシベリア、中国東北部、沿海州、サハリンなど北東アジア各地におよび、北海道では道東北部に多くみられる。したがって北海道の石刃鏃はこの文化の最南端に位置することになる。北海道東北部と東北アジア各地は、トドマツ・エゾマツなど常緑針葉樹林生態系にあり、同一の環境下のなかで斉一的な広がりを見せた文化と認識されている。石器、竪穴の平面形など類似点が多く、遺跡の多くは湖岸・河岸段丘上に立地する。

大陸に起源をもつ石刃鏃遺跡は道東北部で一一九カ所あるが、そのうち石刃鏃石器群をもつ遺跡は二〇カ所。遺構をともなう遺跡はさらに少ないとされるが、常呂地域の石刃鏃遺跡は広い範囲におよびしかも遺構、石刃鏃石器群と土器をもつなど道内屈指の地域である。

常呂地域の石刃鏃遺跡

標高約一〇～二〇メートルの常呂川右岸にあるトコロチャシ跡遺跡、同南尾根遺跡から朝日トコロ貝塚にいたる約五〇〇メートルは、トコロ湾頭部に位置し、海、湾岸を臨む好立地にあり、遺跡が最も集中する地域である。

　トコロ湾の最奥部に位置する標高約一〇～一五メートルの岐阜台地にあるTK五三遺跡、ST〇四遺跡もこの時期の遺跡であり、トコロ湾に面する湾頭部と奥部に石刃鏃文化集団の拠点があったことが理解できる。

　トコロチャシ跡遺跡からは、史跡整備にともなう試掘調査の際に、Ⅱ層暗褐色土の下部からⅢ層茶褐色土（ローム層）上面にかけて、径一・五メートルの範囲から、石刃鏃（図14―1・2）、石鏃（図14―3）、石刃（図14―4～6）尖頭器（図14―7）、細石刃（図14―8・9）、掻器（図14―10）、削器、彫器。打製斧形石器（図14―11）、磨製石斧など、石刃鏃石器群一二六点がまとまって出土した。薄手の土器片もともなう。周辺に同時期の遺物はみられず、この区域に各種の製品が集中していることから、意図的に配置されたと考えられ、遺跡間の石器組成のあり方、産地石材選択など石刃鏃文化の研究に貴重な資料となっている。この地点に連続するトコロチャシ南尾根遺跡からも、石刃鏃や掻器などが出土している。

　朝日トコロ貝塚は縄文中期の貝塚であるが、一九五九（昭和三十三）年、一九六〇（昭和三十四）年、一九六二（昭和三十六）年に東京大学文学部考古学研究室によりA～Fまで六本のトレンチが入れられた際に、Fトレンチの貝層下から幅約五メートル、深さ約五～一〇センチの方形の竪穴住居が発

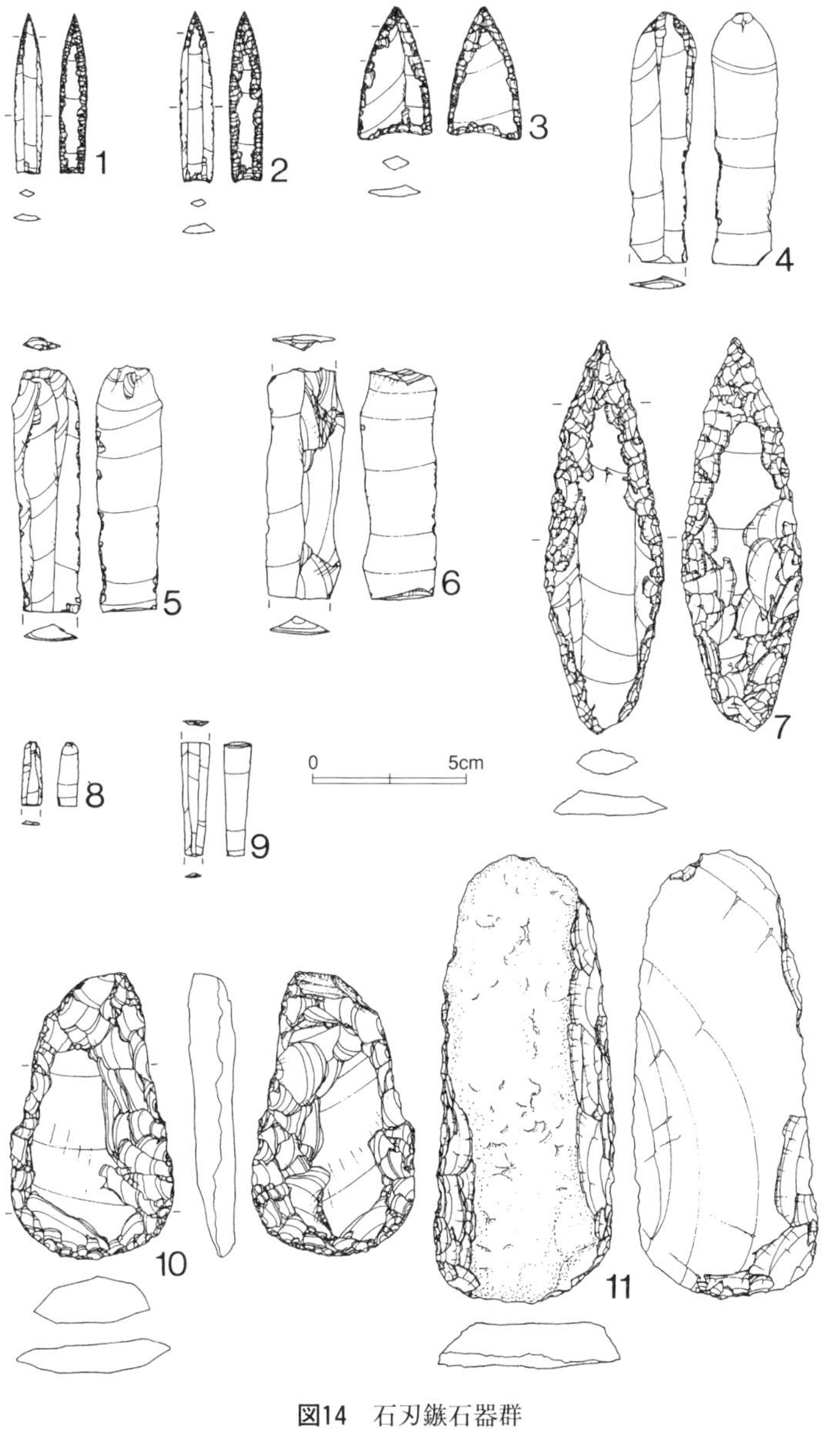

図14　石刃鏃石器群

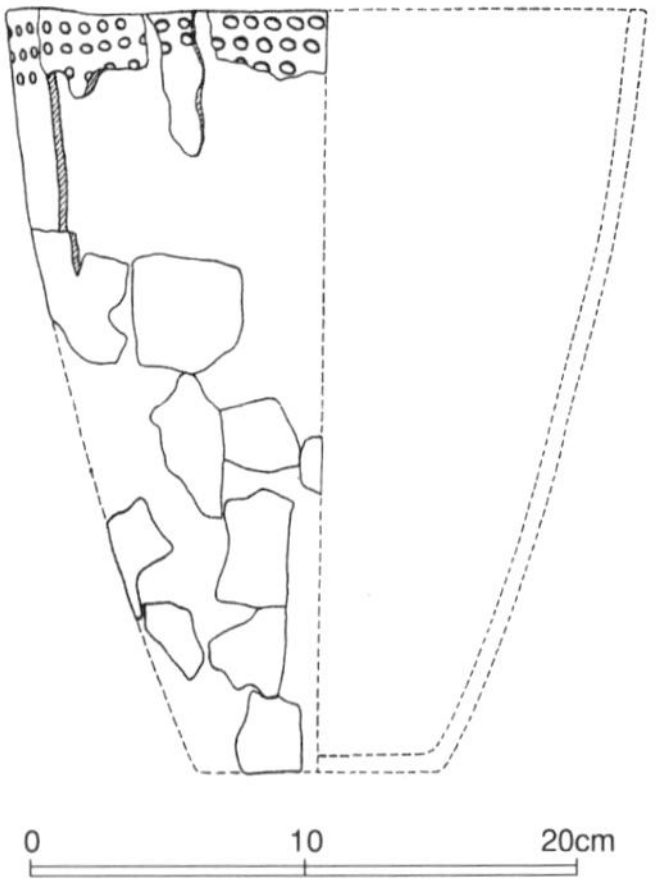

図15　トコロ14類土器

見された。炉跡、柱穴はみられないが床面に長軸一・五《メートル》、短軸七〇《センチ》、深さ三〇《センチ》の楕円形ピットをもつ。Eトレンチ検出の長軸四〇《センチ》、短軸二〇《センチ》のピットもこの時期である。方形竪穴は縄文早期の特徴であるが、石刃鏃文化の竪穴は北海道の湧別町市川遺跡、標茶町二ッ山遺跡、浦幌町共栄B遺跡、帯広市大正3遺跡や大陸のアムール川流域にあるノヴォペトロフカ遺跡、コンスタンチノフカ遺跡からも検出されており、同様の系譜をもつとされる。

トコロ一四類土器

　トコロ貝塚FトレンチC4区の九層から石刃鏃石器群と共伴したのがトコロ一四類土器である（図15）。器高二七《センチ》、口径二三《センチ》の鉢形土器である。口縁部に三段の類竹管文、胴部に擦痕がみられる。肥厚帯の下部に三条の絡条体圧痕文、胴部に条痕文をもつ土器も同一群の土器である。

　大陸の石刃鏃文化は、土器・石器組成から「隆線文系」「アムール網目文系」「網目・絡条体圧痕文系」「櫛歯・弧線文系」に区分されており、地域間で異なる複雑な様相をみせるが、一四類土器は「アムール網目文系」の系統をもつと考えられる。また、薄手で繊維を含み竹管状の条痕や口唇下部に刺突文、小隆起帯に刻みが施されたBトレンチ一〇層出土の土器は一四類土器と異質であり、型式細分の可能性を秘めている。

　石刃鏃文化の編年的位置が縄文早期に比定されることは一致した見解であるが、時間軸のなかで早期の短期間にあったのか長期間にわたる文化なのかは不明である。海岸部から河川流域にそって内陸に分布を広げ、遊動的な生業を展開したと推測できるものの、小規模の遺跡が多く、やがて後続の文化に影響を与えず姿を消すこととなる。その原因は、常緑針葉樹林から縄文前期にみられる温暖な落葉広葉樹林への生態系変化によるものと解釈されている。

絡条体圧痕文・縄文系の遺跡

　石刃鏃文化に後続する東釧路Ⅱ・Ⅲ式など絡条体圧痕文・縄文系の遺跡は、トコロ湾東頭部のＴＫ一七遺跡、トコロチャシ南尾根遺跡、朝日トコロ貝塚など石刃鏃遺跡とほぼ同一地域に分布する。岐阜台地では岐阜第二遺跡、同第三遺跡、ＳＴ〇四遺跡、ＴＫ四二遺跡、ＴＫ六〇遺跡がある。サロマ湾岸では湧水源をもつワッカ遺跡だけであり、このことから遺跡の多くはトコロ湾岸をのぞむ台地縁辺部に残されていることになる。トコロ湾岸の遺跡は湧水源のある沢地に形成されているが、両湾岸の遺跡分布の差は湧水源と関係すると思われる。湾内の魚貝類よりも飲料水の優先は縄文各期と共通するが、大集落を形成した擦文文化とは大きく相違することが注目される。

　トコロ湾が抉入する岐阜台地の最奥部の入り江に位置するＴＫ六〇遺跡からは唯一、この時期の竪穴が調査された。標高約五～九《メートル》の緩斜面に三軒の東釧路Ⅲ式の竪穴が構築されている。三軒とも方形の平面形を呈するが、規模は一辺八《メートル》の大型竪穴と三～四《メートル》の小型竪穴の二種類に分かれる。大型竪穴は炉をもつものの小型竪穴はもたない。大型竪穴は住居、小型竪穴は仮小屋的な施設

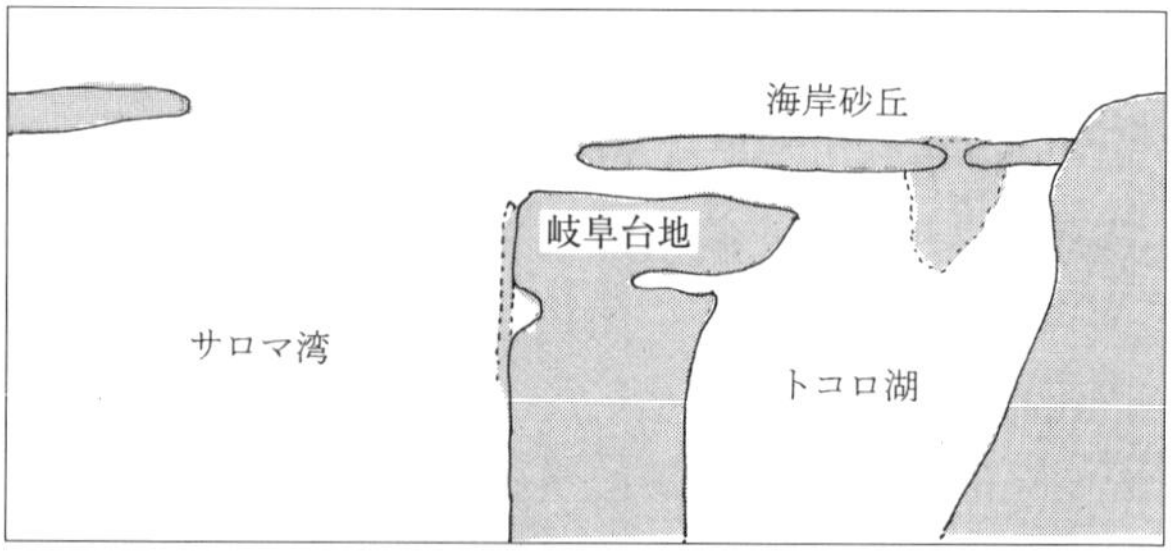

図16　Ⅱ期：海面高頂期

と思われる。竪穴の分布状況からみてさらに東側に集落が延びていると推測できる。

(二) Ⅱ期―海面高頂期（縄文前・中期、約六〜四〇〇〇年前）

地球的規模の温暖化現象により海水面は上昇をつづけ、現在の海水準より約三〜五メートル上昇していた。いわゆる縄文海進の時期である。海岸砂丘の発達と連動してトコロ川から土砂が供給されたことにより、湾口は塞がれ古砂丘が形成された（図16）。この古砂丘が史跡常呂遺跡（栄浦第二遺跡・常呂竪穴群）の主体となっている。トコロ湾はトコロ湖に姿を変え、湖内にはカキ貝、ホタテ貝などが生息していた。この頃に残された縄文中期の朝日トコロ貝塚には、各種の貝類と混じって暖海産のハマグリもみられ、この地方が温暖であったことを裏づけている。

前期前葉から中葉の遺跡は、トコロ湖をのぞむ標高約一三〜二〇メートルの常呂川右岸段丘、岐阜台地北端面などにかぎられる。一〇メートルにおよぶ隅丸方形の竪穴である岐阜第二遺跡一七B号からは繊維尖底土器（朱円式）が、トコロチャシ跡遺跡からはおもに道央・道南部に分布する中野式がみられるものの、遺跡は予想外に少ない状況である。ところが前期末葉の平底押型文期では、海岸砂丘の栄浦第二遺跡、同第一遺跡、常呂川河口遺跡、イワケシ山麓などトコロ湖をのぞむ台地の縁辺部や低地に増加傾向がうかがえる。

謎の円形石囲み炉群

　縄文前期末には、神居式・多寄式と称される平底押型文土器が道北・道東地域に分布する。道南の円筒下層式に対比され、個別に考えられていた尖底押型文土器と平底押型文土器を一連の系列のものとして認識されている。全道的にみてもこの文化の遺物や遺構は少なく、小規模の集団が移動をくり返しながら生活していたと考えられてきた。しかし、常呂町栄浦第一遺跡や常呂川河口遺跡第一二層では、これまで前例のない円形石囲み炉群が発見された。

　栄浦第一遺跡から発見されたこの遺構は、標高約三〜四メートルの位置にあり、栄浦第二遺跡から二五〇メートル、サロマ湾東岸から六五メートルの近距離にある。一部は縄文晩期の竪穴に破壊されるものの、砂丘面に直径約一〇・一メートル、厚さ約一〇センチの黄褐色粘土を円形に貼り付けている。床面に粘土を貼るのは作業時の足元を安定させるためと思われる。とくに栄浦第一遺跡は砂地であるため効果的である。中央部に直径一・一メートルの大形石囲み炉をもち、外周に沿って直径六〇〜八〇センチの小形石囲み炉を等間隔に配置する（図17）。石囲み炉は浅く掘った粘土面に角礫を立てかけるよう構築されている。地床炉のように強く焼成を受けた箇所も残されている。貼り床面に柱穴はまったく認められないので、上屋をもつ建築物でないことは明らかである。

　同種の遺構は常呂川河口遺跡第一二層と第八層からも発見されている。第一二層は標高約四メートルにある。栄浦第一遺跡例にみる円形粘土貼りでないものの、大小とも方形を呈した二七基の石囲み炉と、黄褐色・灰褐色・橙色粘土の痕跡が確認された（図18）。石囲み炉は周囲に骨片を含む多量の

図17　円形石囲み炉群

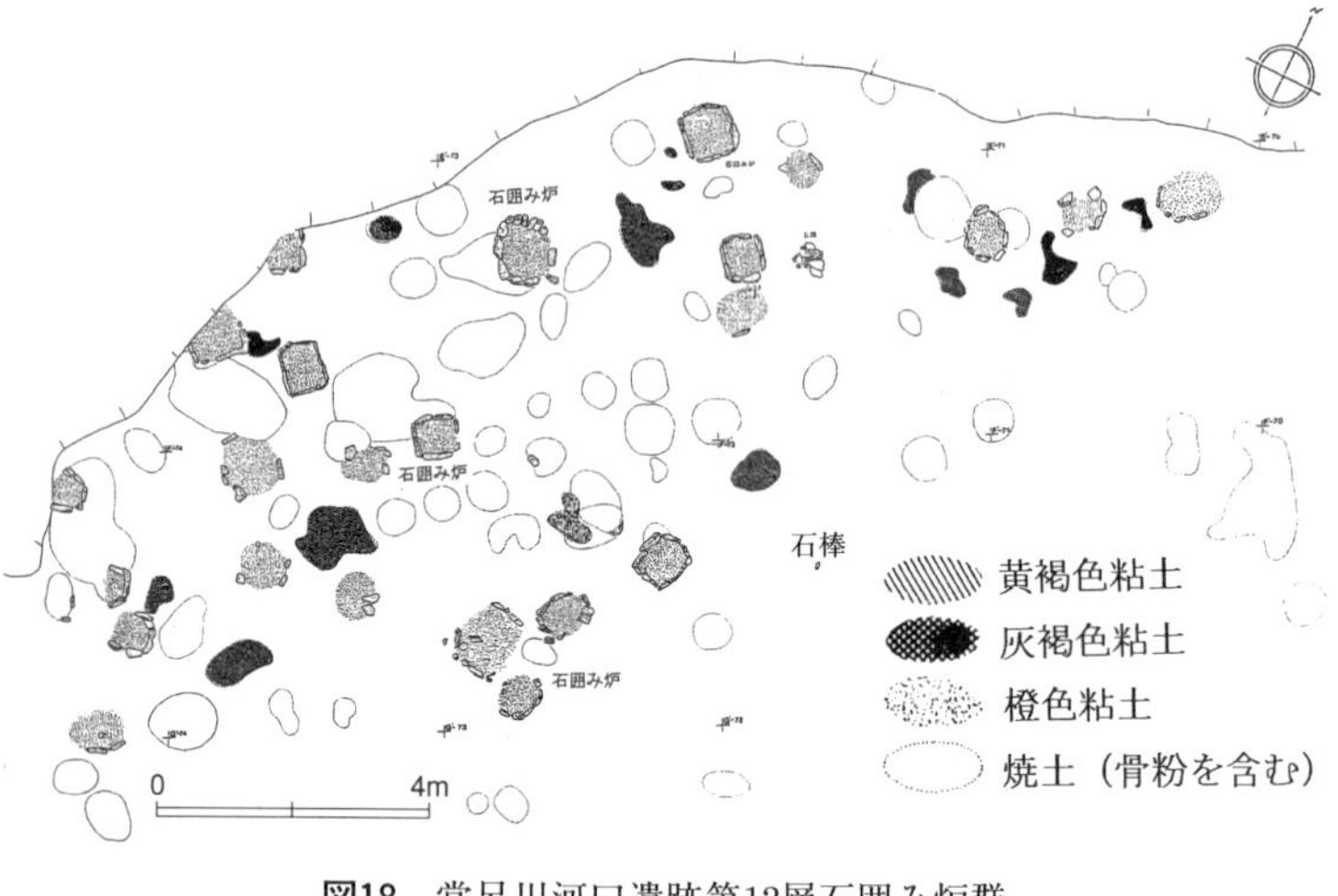

図18　常呂川河口遺跡第12層石囲み炉群

表3　常呂川河口遺跡第12層検出の動物種名

Ⅰ 貝類	Ⅱ 魚類		Ⅲ 鳥類	Ⅳ 哺乳類
1.タマキビ類	1.ホシザメ	10.タラ類	1.ウミガラス類	1.エゾヒグマ？
2.マガキ	2.ツノザメ	11.ボラ類	2.カモメ類	2.エゾタヌキ？
3.ヤマトシジミ	3.サメ類	12.カサゴ類	3.アホウドリ類	3.ニッポンアシカ類
	4.エイ類	13.アイナメ類	4.ウ類	4.アザラシ類
	5.チョウザメ	14.カジカ類		5.エゾシカ
	6.ニシン類	15.ホウボウ類		6.クジラ類
	7.イトウ	16.ヒラメ		7.ヒト
	8.サケ類	17.フグ類		
	9.ウグイ類			

焼土を残す。石囲み炉の配置は栄浦第一遺跡と同様の円形パターンを取る箇所もあるが、不都合なほど近接する炉や焼土の上に炉がつくられることもあるので、若干の新旧関係も考えられる。

栄浦第一遺跡と常呂川河口遺跡の石囲み炉群は同時期の所産である。栄浦第一遺跡は外海のオホーツク海、常呂川河口遺跡はトコロ湖に面するなど、立地環境はやや異なるものの、標高は同じ三〜四メートルの低位置にあるので同一の機能をもっていたと理解できる。

注目されるのは炉、周辺の焼土に魚骨・鳥類・哺乳類の焼骨が含まれていることである（表3）。その九五%が魚類である。ニシンが最も多く、ウグイ、カレイ、サケ、エイ、フグなどがある。フグは本来この海域に生息しないが、対馬暖流とリマン海流が稚内沖で合流した宗谷暖流が南下したとき入り込んでくるもので、現在でも稀にみられるという。魚類は比較的大型のものが多く、海の魚類が中心である点も生業上の大きな特色である。

北海道の縄文前期にみられる竪穴や土器の大型化は、安定した温暖気候による動植物の獲得と人口増加に関連するとみられるが、粘土を貼り付ける作業や石囲み炉群など大規模な作業は、共同組織による労力の賜物であろう。それはまた、その

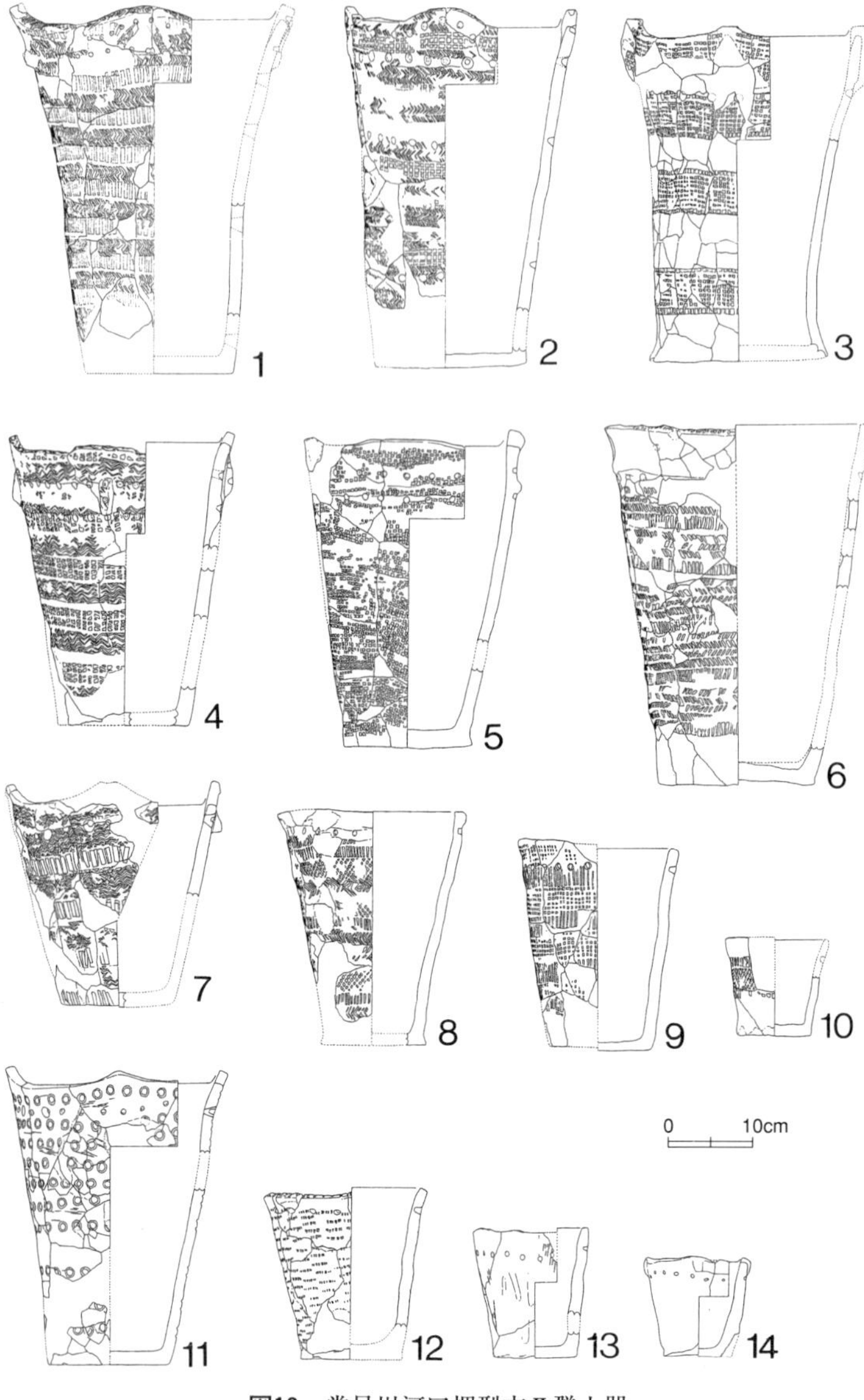

図19　常呂川河口押型文Ⅱ群土器

集団の生産活動の場としても位置づけられ、海・湖の魚類等を捕獲し解体処理する屋外の加工場的な性格をもつ遺構と推測される。

常呂川河口押型文Ⅱ群土器

常呂川河口遺跡では八七個体におよぶ土器と魚骨等がみられる。平底押型文土器は第八層からも出土しており、筆者により二型式に細分されている。土器は大型・中型・小型土器で構成され、最大の大型土器は器高四八センチ、口径三八センチ。口唇部は角状を呈し、口縁下部に円形刺突文をもつことが最大の特徴である（図19）。指で引きずったような凹帯部、無文帯をもち、短冊形・菱形・山形などの押型文を複段状に施す。同種の土器は網走市嘉多山四遺跡、北見市吉井沢遺跡にもある。円形刺突文は祖形の岐阜ⅡA群にみられ、凹帯部、無文帯は網走式に観取できるので、常呂川河口遺跡Ⅱ群土器は両土器の影響をもったこの地方独特な土器群と理解できる。放射性炭素年代測定では四三六〇±六〇と報告されている。

押型文土器は、かつてシュブノツナイ式と称する櫛目文、刺突文などとは別系統のものと理解されていたが、器面に両文様を施すことが明らかになった。櫛目施法はこの時期の円筒下層式にない施文技法なので、その系譜を求めることはできない。櫛目文は大陸の中国黒龍江省鶯歌嶺遺跡、ロシア沿海地方ザイサノフカ遺跡などにみられるので、むしろ北東アジア地域の影響が強いのであろう。押型文土器は櫛目文土器の出自・系統を解明する上で注目すべき土器と理解している。

常呂川河口押型文Ⅰ群土器

第八層出土の土器は一七個体の大型土器で構成される。口唇部は切り出し状に変化し、円形刺突文は消失し刺突文となる。口唇部と胴部の隆帯は細い縦方向の隆帯で連結され、櫛目文様や

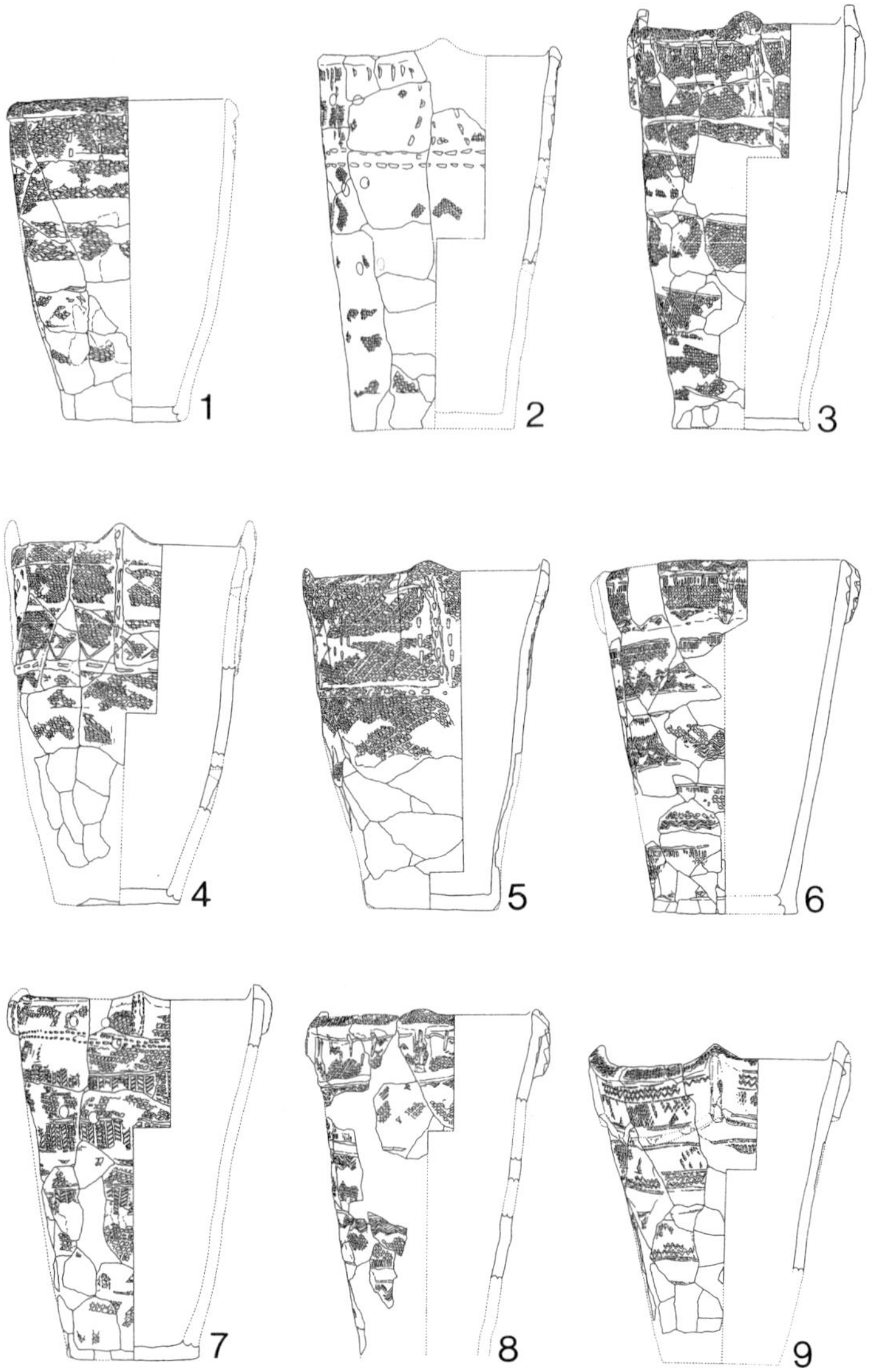

図20　常呂川河口押型文Ⅰ群土器

中型・小型土器が見られないなど、明らかに常呂川河口押型文Ⅱ群と文様・器種構成の変化が認められる（図20）。

神居《かむい》式・多寄《たよろ》式と常呂川河口押型文の前後関係は不明であるが、神居式・多寄式は北海道の内陸部にあっておもに河川漁労を生業とした集団であり、Ⅰ・Ⅱ群の平底押型文は石囲み炉群や焼土検出の魚骨などから、海・湖岸に比重をおいた集団であることが考えられる。

図21　石捧

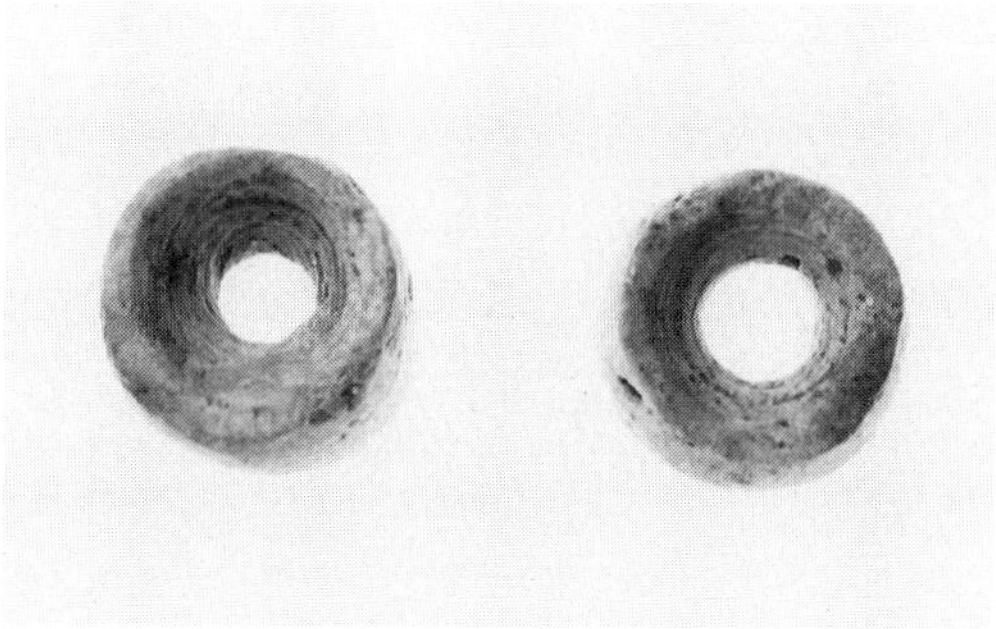

図22　飾り玉

石棒・石製装身具

これらの遺物もこの時期では新発見であった。男性性器をシンボライズした石棒は、関東地方の縄文中期に多産・豊穣儀礼の対象として製作されていた。この石棒は最も近い石囲み炉から二《メートル》離れ水平の状態で出土した（図18参照）。長さ一二《センチ》、亀頭状の頭部幅は四《センチ》。軽石製（図21）。本資料は、魚類等の生業施設的な性格から判断すると豊漁儀礼に関連すると考えられ、石囲み炉群は生業施設のほかに集落間における共同祭祀の場など複合的機能を有していたのであろう。

石製装飾品は、二点とも直径が一《センチ》、厚さが八～九《ミリ》となっており、両側から穿孔される。硬質頁岩製（図22）である。

生業施設と離れた集落

円形石囲み炉群が標高三～四《メートル》ほどの海岸、湖岸に構築されているのに対し、竪穴住居は標高九～一〇《メートル》の台地上で発見されている。生業施設と立地の異なる地点に集落が形成されているのである。直径約五《メートル》、不整多角形の形態をもつ岐阜第三遺跡二三号竪穴。岐阜ＴＫ六〇遺跡二b号竪穴は直径約九《メートル》で南面する緩斜面を切り込んで構築されている。朝日トコロ貝塚Eトレンチで確認された竪穴は径一四《メートル》におよぶ。

小型の竪穴は栄浦第二遺跡11号竪穴がある。直径約一・八〇《メートル》の長円形竪穴である。他に、岐阜ＴＫ四二遺跡、ＳＴ〇四遺跡、岐阜第二遺跡、岐阜第三遺跡など台地に竪穴が確認されており、複数の集落が形成されていたことが明らかである。

北海道において類例のない低地遺構の円形石囲み炉群は、台地上に居住する複数の単位集団が、一定期間に群集するニシンやサケ・マス専用の捕獲・処理のために使用したのであろう。縄文前期末すでに安定した生業スタイルと協調・共同システムが確立されていたと推測できる。

縄文中期の大貝塚・小貝塚

縄文前期からつづいた温暖化はピークを過ぎるものの、縄文中期も引きつづき温暖であったことは各地の花粉分析や苫小牧市美沢四遺跡、伊達市北黄金貝塚、朝日トコロ貝塚に暖海産のウネナシトマヤガイやハマグリが含まれていることからわかり、太平洋岸とオホーツク海側は安定した時期が継続していた。

この頃に成立した北筒式土器は、道東部から石狩低地帯まで拡大した斉一性のある文化であり、道南部の円筒上層式土器と分布を重ねている。北筒式土器は筒形で肥厚帯の下部に円形刺突文が施された独特の器形である。口縁部は平縁か山形突起をもち、胎土に繊維を含む。発掘調査や表面採集で得た資料から遺跡分布をみると、縄文前期同様のトコロ湖に面した台地やその低地、海岸砂丘地帯、岐阜台地の遺跡、イワケシ山麓などトコロ湖を囲むように分布する。その一方で、トコロ湖に面しない岐阜台地の反対側の地域にも小規模の遺跡群が点在するなど、縄文文化期のなかで最も多くの遺跡が残されている。この時期の貝塚が道東部で最大規模の朝日トコロ貝塚である。

朝日トコロ貝塚

常呂川河口から約一・五《キロ》上流の段丘に位置し、北筒式土器をともなうカキ貝主体の貝塚である。貝塚は標高約一〇〜二〇《メートル》の緩斜面に、最大で長さ約一一〇《メートル》、幅約六〇《メートル》の範囲に広がる。最小で長さ一五《メートル》、幅一〇《メートル》の複数の貝ブロックがある（図23）。その後、北側にある森林内のＴＫ六七遺跡の崖面にも貝層ブロックが発見された。南北側にある森林内の分布調査は行っていないので、さらに拡大する可能性がある。

現在、眼下には常呂川が流れ、西方に目を向けると常呂平野をのぞむことができるが、当時はトコロ湖が広がっていたのである。

貝層厚はＡトレンチ一〇〜四〇《センチ》、Ｂトレンチ二〇《センチ》。貝塊状部では四〇《センチ》。貝層内から二体の人骨とイヌ出土。人骨は女性である。第一人骨は頭頂骨から下顎骨の一部が残る。北頭位。第二人骨は頭骨片三点だけである。第一人骨は副葬品にナイフをもち埋葬遺体と考えられるが、明確に墓壙を掘らない埋葬は、送り場など儀礼的・祭祀的な側面も考慮しなければならない。

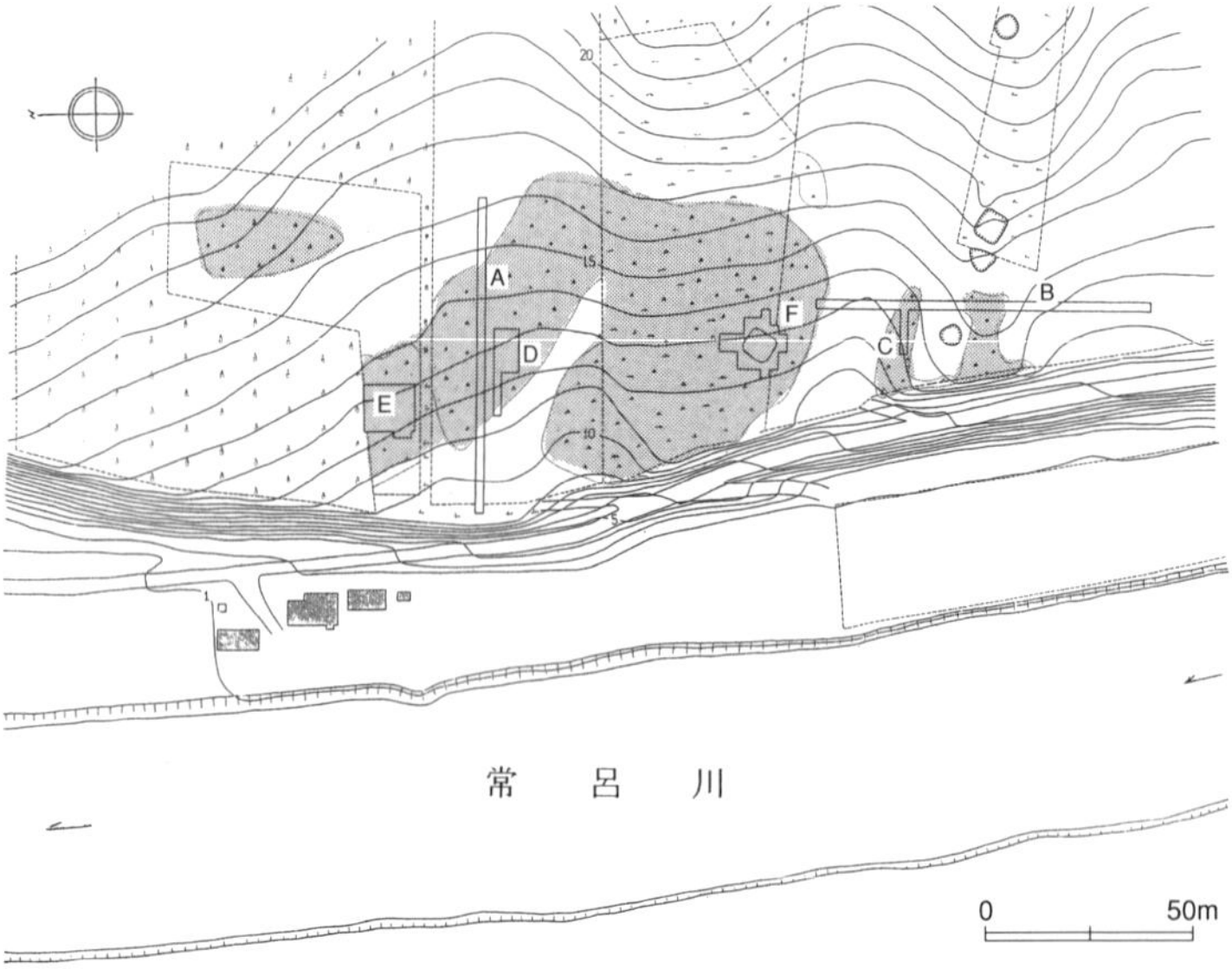

図23　朝日トコロ貝塚平面図

Cトレンチ三〇~四〇センチ。Dトレンチ二三センチ。Eトレンチ一~五〇センチ。Fトレンチ一〇~四〇センチとなっており、トレンチの貝層厚は一様でなく、西側に流れるように遺棄されている。

貝塚は一面のように見えるが、平面図の貝層分布から推測すると、大ブロックのまわりに小ブロックが取り巻くように見受けられ、土層図にみる貝層の起伏もそれを現している。大ブロックの貝層も小ブロックの集合体とする見方もできる。岐阜台地の貝塚にみられるように、トコロ六類の時期は小ブロック貝塚の形成によったのであろう。動物等遺存体は陸獣よりも海獣が多いことに特徴がある（表4）。秋から春にかけて越冬のため回遊してきた雄のオットセイ成獣、夏から秋は魚類を捕獲するなどフルシーズン利用されていたことがわかる。マグロなど外海漁、トド・アザラシなど海獣狩猟業が想定されており、縄文前期末

表4　トコロ朝日貝塚出土の動物種名

Ⅰ 貝類	Ⅱ 魚類	Ⅲ 鳥類	Ⅳ 陸獣類	Ⅴ 海獣類
1.マガキ	1.マグロ	1.カラス	1.ヒグマ	1.トド
2.クロタマビキ	2.ヒラメ	2.サギ類	2.イヌ	2.アシカ
3.ハマグリ	3.スズキ	3.マガモ	3.エゾノウサギ	3.アザラシ
4.ヤマトシジミ	4.タイ類	4.カモメ類	4.エゾシカ	4.クジラ
5.エゾイガイ	5.サケ	5.シギ類	5.キタキツネ	5.イルカ
6.アカニシ	6.ウグイ	6.ハクチョウ		
7.コエゾバイ	7.ボラ			
8.ウバガイ	8.マフグ			
9.ヒメエゾボラ	9.カンパチ			
10.ホタテガイ	10.ニシン			
11.オオノガイ	11.カサゴ類			
	12.タラ類			

葉の押型文同様に海に依存していたことがうかがわれる。

　針、刺突具など骨魚器は比較的少ない。石器組成は石鏃、槍、石銛などの狩猟具と、ナイフ、掻器など解体具が多く、平底押型文期と同様な捕獲・解体・加工など作業場機能をもっていたと考えられる。

　このような数本のトレンチ調査で北筒式の五類・六類土器が層位的に認められ、縄文中期の生業活動の実態を解明する上で重要な遺跡である。残念なことは、ほぼ全区域が畑地であるため耕作による貝層の破壊が進んでいることである。一九九二（平成四）年に斜面の貝層部を防護ネットにより崩落防止の対策を講じたが、将来的には全面的な保護対策が必要となっている。

　隣接するＴＫ六七遺跡三ｂ号竪穴、トコロチャシ南尾根遺跡一号竪穴など細長の六角形を呈する竪穴がこの時期のものであり、集落は貝塚からやや離れた台地上にある。生産拠点と集落の分離は縄文前期末の押型文にもみられた特徴である。しかし、標高約四㍍の低地帯にある常呂川河口遺跡第八層はこの時期の文化層であるが、竪穴住居やピット、焼土が検出されている。朝日トコロ貝塚形成の頃、トコロ湖は満々たる湖水が広がっており、カキ貝などが標高十数メートルの台地に残されたのはそのためと思われるが、低地に生活面がみられることは湖水の海退を意味しているのであろう。同様の例は岐阜台地周辺の小貝塚にもみられる。

その他のⅡ期の貝塚

栄浦第二遺跡東端貝塚は、栄浦第二遺跡の最東端に位置する。上部平坦面から南側斜面にかけた狭い範囲にある。東西一五メートル、南北一〇メートルの小規模貝塚で、貝層厚は五～一五センチ。カキ貝を主体とする。

Ｋ四四遺跡貝塚は、岐阜台地東部下の標高五メートルの微高地にある。竪穴の窪みは見られないが、カキ貝が径一〇メートルの範囲にみられる。

ＴＫ五〇遺跡北西貝塚は、標高二〇～二五メートルの岐阜台地東部にある。遺跡は擦文文化期の方形竪穴二四、円形一の二五軒が南北二群に分かれて構成されている。貝塚は北群竪穴の西側にある径一五メートルの小規模貝塚であり、円形の竪穴はこの時期の可能性がある。

栄浦第二遺跡最東端貝塚は台地にあるものの、ＴＫ五〇遺跡北西貝塚とＴＫ四四貝塚は台地と低地にわかれてみられるわけである。低地の利用は気温の冷涼化など環境の変化が考えられる。相当な水圧を受けて鋭く削り取られた状態で残されていた常呂川河口遺跡の石囲み炉群をみると、中期初頭から複雑な環境の変化があったと思われる。この変化は縄文中期後半からさらに厳しさをましていくこととなる。

（三）Ⅱ～Ⅲ期への移行期間——その1

寒冷気候にともなう拡散と集合

縄文前・中期は温暖気候にともなう豊富な食糧源獲得を目的として湖・海岸部に人びとの移動をもたらしたが、中期後葉の段階から遺跡は減少することとなる。

これまでトコロ湖岸に広く分布した遺跡は、なぜか、岐阜第三遺跡など限られた地域にしかみられなくなる。

約三〇〇〇年前の縄文後期前葉の道南部渡島半島周辺で東北地方の系統をもつ涌元式、入江式が分布するものの、他の地域にはみられなくなるなど、遺跡の激減が後期前葉の全道的な傾向であり、常呂遺跡群にはまったく存在しない。藤本強は、極端なまでの遺跡減少は「流氷の到来が縄文前期・中期の安定した生活の基盤を根本的にかえてしまった」と指摘している。流氷が縄文前・中期にみられた狩猟・漁労・採取のシステム崩壊を告げる結果となったわけであり、寒波に耐えられない逼迫した状況にあったと推測できる。

やがて後期中葉になると、本州の加曽利B式とほぼ並行する船泊上層式、鯱潤式、エリモB式が全道に広がりをみせ、常呂遺跡群ではTK一七遺跡、トコロチャシ南尾根遺跡、常呂川河口遺跡の三遺跡で発見されているので、拡散された文化は縄文後期中葉からしだいに定着傾向にあったことがうかがわれる。

この時期の竪穴は、トコロチャシ南尾根遺跡において標高約一六〜三〇《メートル》の比較的急斜面にある湧水源の近くから二軒が調査されている。

トコロチャシ南尾根遺跡一一号竪穴　調査前は東側から落ち込むテラス状の窪みであった。規模は直径五《メートル》の円形であり、壁高は東壁側が六五《センチ》。西側は五《センチ》である。床面は東側から西側にかけて傾斜し、高低差は一八《センチ》。中規模の竪穴にしてはかなりの高低差であるが、この理由は斜面上に構築されたことによる。壁柱穴は狭いところで四〇《センチ》、広いところで八〇《センチ》間隔にあり、壁柱穴より内側に二本の主柱穴がある。

床面から口径一六《センチ》、器高一〇《センチ》の小型土器、

埋土から口径二七センチ、器高二六・五センチの大型鉢形土器が出土している。二点とも縄文後期中葉のエリモB式である。

常呂川河口遺跡第四層集石　標高約四メートルの低地にあたる常呂川河口遺跡の第四層からは、四カ所の集石と海獣類の指骨を含む八カ所の焼土が検出された。集石は拳大ほどの円礫で構成されすべて火熱を受け赤化している。トコロチャシ南尾根遺跡まで直線距離で三〇〇メートルであり、台地に住居を構えた小規模な集団が低地面において生業活動した姿が想像される。

（四）Ⅱ～Ⅲ期への移行――その2

縄文晩期前・中葉の様相　北海道の縄文晩期土器は東北地方にある亀ヶ岡式土器を指標に区分される。亀ヶ岡式もしくは類似土器を「大洞系」、亀ヶ岡式土器の影響を受けた在地系の土器を「類大洞系」、亀ヶ岡式土器の影響を受けていない土器を「非大洞系」とされる。「非大洞系」の地域に属する道東部では、晩期前葉から中葉の実態が明らかでない。その理由は確実な亀ヶ岡式土器との共伴がないことにつきるわけであるが、道東部の土器編年は、大洞各式との併行関係は検討を要するものの、類大洞系である爪形文土器を上ノ国式、幣舞《ぬさまい》式を大洞C_2～A式に求めた一九八二年の鷹野光行による編年＝鷹野編年がある。

二〇〇三年、全道を対象にした在地系土器との地域間交渉から、大洞各形式との併行関係を明確にした福田正宏による編年＝福田編年は、鷹野編年同様に爪形文系土器と幣舞式土器が編年の鍵となっている。爪形文系土器とともに内側からの突瘤文系土器、縄線文系土器、刺突文系土器の位置づけが残るものの、晩期前葉、中葉など漠然と称してきた土器群を大洞各式に対比させ広域編年を進めた。常呂遺跡群でもこの時期の比較資料が増えている。

　大洞B〜BC式に比定される盛り上がりのある爪形文系土器・突瘤文系土器は、トコロチャシ南尾根遺跡、常呂川河口遺跡や岐阜第二・第三遺跡、栄浦第一・第二遺跡など主要遺跡で出土する。TK六七遺跡では同一個体に縄線文系・突瘤文系・盛り上がる爪形文系が施されたものがあり、常呂川河口遺跡でも複合施文された土器が散見されるので、縄線文系、突瘤文系、盛り上がる爪形文系土器はほぼ同一時期と理解される。

　この時期の遺跡は河口や海岸部など限られた地域にとどまるものの、確実に増加傾向を示していることは弥生温暖期（二六〇〇〜二〇〇〇年前）とされる気温の上昇がその背景にある。

常呂川河口遺跡一九号竪穴

　調査例の少ない晩期中葉の竪穴である。床面から刺突文を主体とした土器が出土している。表土を剥土した段階で暗褐色土の落ち込みを確認した。完全に埋没していた竪穴である。規模は直径約三・七メートルの円形で、深さは二五センチ、中央に炉をもつ。主柱穴は西壁側、炉跡の周辺に五本ある。縄文後期と同様の円形を踏襲することが注目される。晩期後葉から舌状部をもった竪穴が登場する。円形竪穴から有舌竪穴の形態変化は定かでないが、縄文後期からみられた円形竪穴の伝統がこの時期で消失したことは確かである。

在地系文化の伸長

　晩期後葉になると、渡島半島など道南部に「大洞系」文化が発展するころ、釧路市幣舞遺跡を標式とする在地系の幣舞式土器が盛行し、道東・道北から石狩低地帯まで分布を広げるなど新たな展開がみられる。各種の土器形態、座葬を多用した墓、舌状部をもつ竪穴住居など独特な文化要素をもち、亀ヶ岡文化とも間接的に接触をもったことが知られている。

幣舞式は口縁部に縄線文、沈線文、撚糸文、刻線が施されるもので、器形は深鉢、浅鉢、壺形、舟形、魚籠型など多種に富む。「非大洞系」の土器である幣舞式には編年指標となる大洞C_2式が共伴する。大洞C_2〜A式は釧路市緑ヶ岡遺跡、斜里町ピラガ丘遺跡、同尾河台地遺跡、常呂川河口遺跡、栄浦第二遺跡など海岸部にある。亀ヶ岡文化から搬入されたと目される遺物は、日本海側を経由し稚内方面から南下するルートと、日高地方を経由し釧路・根室にいたるルートが想定されるが、常呂川河口遺跡、栄浦第二遺跡出土遺物は知床半島が大きな障害になるため太平洋側からの北上は考えにくいので、稚内沖で日本海の対馬暖流と樺太方面からのリマン海流が合流した宗谷海流を利用した日本海側からの搬入ルートが推測できる。

バリエーションに富んだ弊舞式土器や搬入品である大洞C_2〜A式、ヒスイ勾玉が出土した墓をあげてみよう。

常呂川河口遺跡二一三号墓　規模は一・二〇《メートル》の不整円形である。深さは七〇《センチ》。床面のほぼ全面に遺存体である赤褐色土が認められた。遺存体は粘性をもち、部分的にベンガラが散布される。北壁側から鮮やかな朱塗りの壺など二点の大洞C_2〜A式（図24）と、やや離れて口縁部に縄線文を施した幣舞式小型壺が出土した。遺存体を四〜五《センチ》下げると二点のヒスイ製勾玉が墓のほぼ中央部から二〜三《センチ》の高低差をもって出土した。

斜里町知床博物館合地信生によるX線スペクトル解析の結果、このヒスイは新潟県糸魚川地域の

図24　常呂川河口遺跡213号墓

青海—蓮華帯産であることが明らかになった。

常呂川河口遺跡二九五ａ号墓　規模は直径九〇センチの円形である。深さは上部がオホーツク文化の竪穴に切られるため浅く三二センチ。北壁側から中央部にかけて黄褐色を呈した遺存体がある。深鉢、船形、コップ形など一一点におよぶ各種器形の土器（口絵4頁）をみると、在地系の幣舞文化が隆盛の域にあったことがわかる。土器は使用された痕跡がなく、沈線文を赤彩するなど儀礼用の器物とみられる。

なかでも、異形土器（図25）は頸部を境に上部と下部で文様構成が異なる。上部は口縁部に二個の突起と耳状の張り出しをもち、眼部と鼻部を意識した横方向と縦方向短沈線がある。下部は両端に耳状の突起をもち、眼部・鼻部は渦巻き状沈線を施す。上部・下部とも人面を意匠したように見受けられ、東北地方の縄文後期にみられる土偶に

図25　常呂川河口遺跡295a 号墓出土の人面意匠土器

似て興味深い。

常呂川河口遺跡七八二号墓　規模は長軸一・四三《メートル》、短軸一・〇七《メートル》の楕円形を呈する。大型角礫が墓のほぼ全面を覆い、遺存体の上部まで達するなど、他の墓より際立った状態であった。意識的に配石した様子はないものの、一部では角礫を重ねたようにも見受けられた。遺存体には多量のベンガラが散布され、粘性のある赤褐色を呈する。

東壁に近い遺存体上部にヒスイ製勾玉二点、丸玉六点と赤彩された櫛が副葬される（図26）。勾玉一点と丸玉三点はそれぞれセットになる。ヒスイは新潟県糸魚川産である。時代を認定する土器は出土していないが、二一三号墓同様の幣舞式と推測される。

北海道のヒスイ製装飾品は、道南部から道央部の縄文前期から擦文期にわたる七五遺跡で確認さ

図26　常呂川河口遺跡782号墓ヒスイ勾玉・丸玉・櫛出土状況

れている。野村崇の集成によると、道東部では根室市初田牛《はったうし》二〇遺跡（縄文後期）、斜里町栗沢《くりさわ》台地遺跡（縄文後期）、同尾河《おがわ》台地遺跡（続縄文）、常呂川河口遺跡（縄文晩期）、根室市穂香《ほにおい》遺跡（擦文）など五遺跡にとどまるが、とくに道央部の縄文後期から晩期初頭にかけて増加することが明らかになっている。

道東部の縄文晩期で初めて出土したヒスイは、大洞C_2～A式の朱塗りの小型壺や櫛など埋葬用の副葬品として間接的にもち込まれたものと考えられる。

有舌竪穴住居の系譜

有舌竪穴住居とは、隅丸方形の平面形に出入口と想定される舌状の張り出しをもつもので、道東部では縄文晩期後葉の幣舞式の段階で出現し、続縄文初頭文化である宇津内・下田ノ沢文化まで発展的に使用され、後北C_1式まで継続する。道央・道南部では恵山文化にも影響を与えるなど広範囲かつ長期間にわたり利用されていた。

栄浦第二遺跡一三号竪穴は縄文晩期幣舞式に相当する。発掘前の状況は地面が深さ六〇センチほど窪み、北東方向に伸びる舌状の張り出しが観察されていた。規模は径約七・六メートルの隅丸方形を呈し、長さ八メートル、幅一～一・五メートルの舌状部があり、中央部に径約一メートルの炉跡をもつ。主柱穴は炉跡のまわりに集中し、壁柱穴は舌状部を含めほぼ等間隔に配置される（図27）。

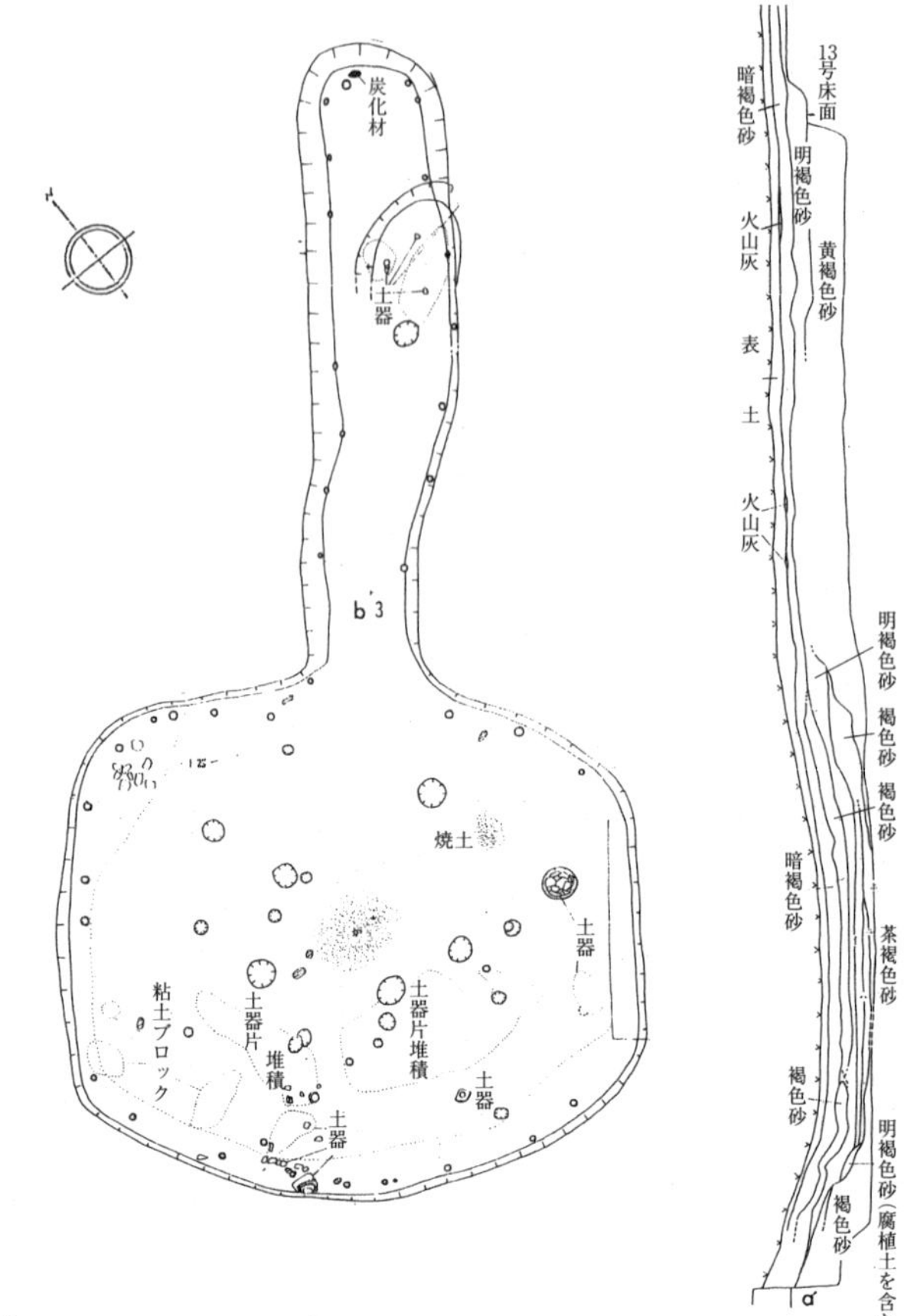

図27　栄浦第二遺跡13号竪穴平面図

有舌竪穴は、約一万年前のカムチャッカ半島のウシュキI遺跡第六文化層検出の竪穴や十九世紀のナルィチェヴォ文化期まで北方地域で継続的に利用されていることから、千島列島を経由して道東部に伝わったとする意見がある。

だが、最近調査されたアムール川流域西部のタラカン遺跡六号竪穴も舌状部が見られる。放射性炭素年代測定は栄浦第二遺跡一三号竪穴とほぼ同時期の紀元前二世紀頃とされ、舌状基部の極端な狭まり、端部から内側にかけた傾斜などが共通している。また、例数は少ないとされるがアムール川下流域のウリル文化や中国の黄河流域に展開した仰韶文化（紀元前五一〇〇～三〇〇〇年）早期の竪穴にもみられる。この場合、掘り込みは浅いので、比較的深く掘られた北方地域の竪穴とは構造・機能が異なると思われるが、内部に向かう舌状部の傾斜など類似点が見出せる。有舌竪穴の分布は時期を問わず広範囲におよぶわけであり、縄文晩期から続縄文初頭に用いられた有舌竪穴の系譜は北東アジアのなかにも求められよう。

寒冷地適応の有舌竪穴

土葺き屋根の考古学的実証は、縄文文化中期の岩手県御所野遺跡、古墳時代の群馬県中筋遺跡などで得られている。温暖化傾向にあった縄文中期でも土葺きがあり、中筋遺跡では夏は平地住居、冬は土葺きの竪穴で生活する住み分けが明らかになった。樺太アイヌもサハ・チセ「夏の家」とトイ・チセ「冬の家」をもつことが知られている。北海道など寒冷地域では、住居の保温効果が高い土葺きを採用していた可能性があるが、調査により確認された事例は少ない。

竪穴住居の復元は焼失家屋の炭化材配列をもとにおこなわれるが、ホジェン族の竪穴を調査した浅川滋男によると、茅葺き屋根と土葺きの屋根は狭い間隔の垂木配置にあるとされている。

常呂川河口遺跡一七二e号竪穴（口絵2頁）の

内部をみると、西壁側に直径一〇センチ程度の炭化材が隙間なく配置されており、最大間隔でも二五センチ程度である。東壁側では垂木と垂木の間に茅がサンドイッチ状に挟まった箇所もみられた。構造材の上部には地山である粗い粒子を含む茶褐色砂層が厚くみられ、竪穴構築時の掘り上げ土を屋根に被せたものと推測できた。床面密着の炭化材は土圧も加わって瞬時に崩壊したことを意味している。土葺きにみられる上面の腐食土層は砂質土のため認められなかったものの、土葺き屋根と想定できる。

　舌状部でも直径四〜一〇センチの丸太材が隙間なく縦列に配置されていた。茅の下部から検出された樹皮や部分的に淡いオレンジ色を呈した粘性のある層厚一センチほどの堆積層は、埋葬された遺存体の検出で経験しているが、動物質の腐食痕を想起させる。毛皮なども下地の素材や防寒用に利用された可能性がある。

　舌状部は玄関フード的な役割があったとされ、基部の狭まりなど寒冷地適応型の住居としての側面が強い。その反面、栄浦第二遺跡や常呂竪穴群にある竪穴の舌状部は北方向を向く。この地域特有な北西の季節風の方角に向けているのは不自然であるが、舌状部が天窓とともに通風口の機能もあるとすれば、竪穴内部に新鮮な空気を送り込むことになるので、冬期間の北西風を考慮した竪穴配置がとられたのであろう。

　また、舌状部と内部が数一〇センチの段差をもつ例や舌状基部の狭まりも、見方によっては仕切りを暗示し、アイヌ文化のチセ（家）に付随する前室など、竪穴内における空間利用の分割など別の機能も考えられる。

ベンガラ散布の竪穴

　有舌竪穴における床面のベンガラ散布行為も特異であ

る。ベンガラは遺体に散布するなど埋葬時に使用されるものであるが、栄浦第二遺跡では調査した縄文晩期後葉から続縄文初頭の竪穴一六軒のうち八軒にベンガラが散布されていた。石狩市シビシウス第三遺跡の四例は、遺構の廃絶直後に剝片、石器とともに遺棄された儀式的性格が考えられているが、栄浦第二遺跡は床面のほぼ全面に散布され、厚いところで一五センチにもおよび、状況が異なる。ベンガラ散布の竪穴は栄浦第一遺跡で一例、常呂川河口遺跡で二例発見されているが、全道的にみても例数は少なく、竪穴内散布は竪穴廃棄や死者の弔いなどこの地域独特の儀礼行為が存在したことを推測させる。

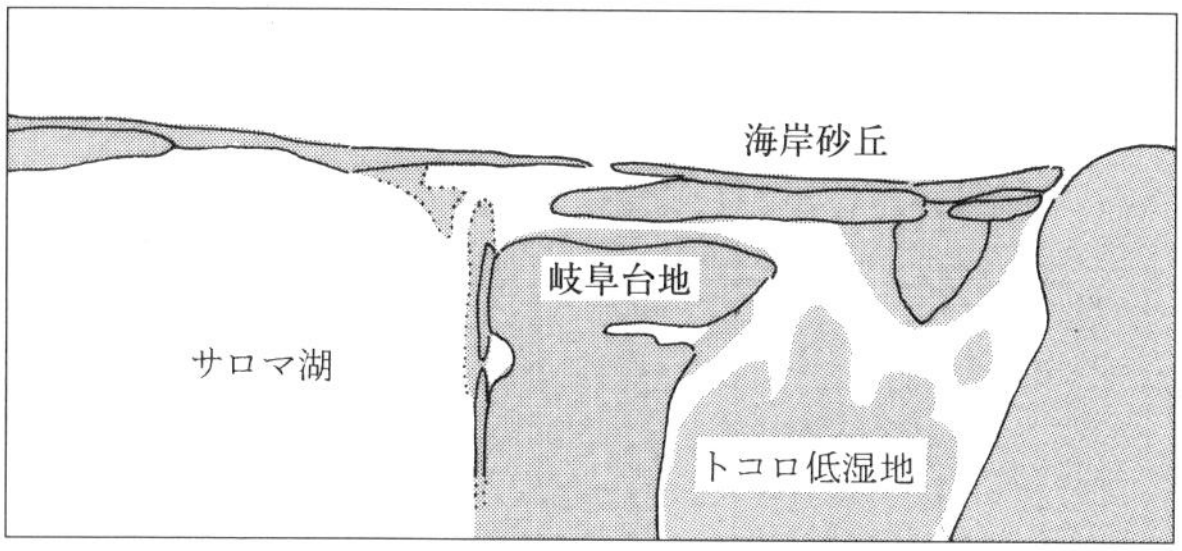

図28　Ⅲ期：新砂丘Ⅰ形成期

再利用された竪穴

縄文晩期の集落は住居と墓域が隣接すると考えられる。しかし、常呂川河口遺跡では二二基の墓を調査しているが、竪穴は一九号だけであった。包含層からも多量の遺物が出土し、明らかに定住の様相をみせるが竪穴は検出できなかった。縄文、続縄文期の墓域は集落周辺に形成するのが一般的であるにもかかわらず竪穴は存在しない。

その理由は、竪穴を掘る手間をはぶくため、続縄文人が前代の住居内に竪穴を構築したからである。栄浦第一遺跡では実に九面の居住面が確認され、常呂川河口遺跡でも石囲み炉の上に別の石囲み炉が重なる竪穴がきわめて多くある。石囲み炉の高低差からみて竪穴廃絶後、ただちに再利用していることがうかがわれる。

(五) Ⅲ期―新砂丘Ⅰ形成期 (擦文・オホーツク文化期、約一〇〇〇～一二〇〇年前)

オホーツク海側に新たな砂丘が発達したことによりサロマ湾は閉塞し、サロマ湖が誕生することとなった。トコロ湖はトコロ川から運ばれた土砂により埋め立てられ湿原化したとされる(図28)。常呂川から派生したライトコロ川(古川)に面した微高地には、続縄文期・擦文期の遺跡や包含層が確認されているので、この頃はすでに現在と同様な地形であったと推測できる。

遺跡はこの頃から海岸砂丘を主体に常呂川河口周辺、岐阜台地など平野部を取り巻く台地上に爆発的に増加していく。

V 続縄文文化拡大の視点

続縄文文化とは

九州地方から北進した稲作中心の弥生文化は、東北地方まで拡大するものの北海道に達しなかった。その理由は、寒冷の北海道に当時の稲作技術では限界があったからとされる。また、縄文文化から狩猟・漁労・採取といった生業が確立されており、稲作を受容しなくとも充分な食糧獲得の環境があったとする見解もある。縄文文化の伝統を継承したこの文化を続縄文文化と称し、時間的には紀元前二世紀頃の弥生文化から紀元後四~五世紀頃の古墳時代に相当する。

石器とともに鉄器も使用し、河川漁労に重点を置いたスタイルは、後の擦文・アイヌ文化の母体となったと考えられている。

地域的小文化の成立

続縄文文化は前半期と後半期に分けられる。前半期は、道南部の恵山《えさん》文化、道央部の江別太《えべつぶと》文化、道東部、網走・北見地域の宇津内《うつない》文化、根室・釧路地方の興津《おこつ》・下田ノ沢《しもだのさわ》文化という四つの地方文化があった。それぞれの文化はその地域にあった縄文晩期の影響を受けて成立していた。網走・北見地方の宇津内文化は、縄文晩期の幣舞式・緑ケ岡

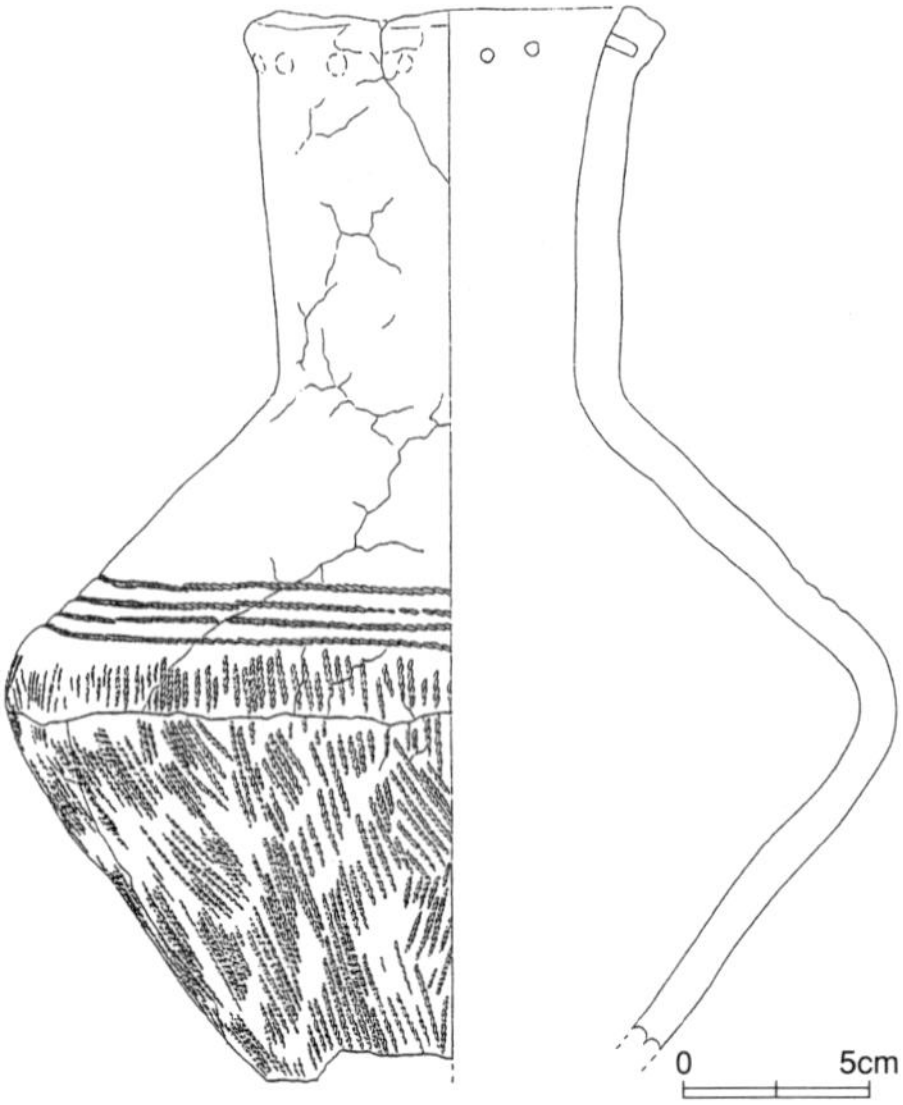

図29　常呂川河口遺跡973号墓出土長頸壺

式を基盤に成立するが、その過程には釧路地域のフシココタンチャシ下層式、興津式などが介在する。

釧路地方を中心に分布するフシココタンチャシ下層式は弥生文化の砂沢式、興津式は二枚橋式に相当し、釧路市幣舞遺跡などで調査されている。内陸の北見市中ノ島遺跡からも出土するが、道東全域をみると断片的な分布である。常呂川流域では栄浦第一・第二遺跡、常呂川河口遺跡など縄文晩期の遺跡と同一地域に分布する。熊木俊朗によれば、竪穴住居、墓の形態など縄文晩期の伝統を踏襲し、元町2式をとおして宇津内文化に影響を与えたとされる。

常呂川河口遺跡にもフシココタンチャシ下層式や興津式に相当する墓があるので、釧路地方に分布圏をもつ土器群が網走・北見地方まで予想以上に分布域を拡大したことがわかる。たとえば常呂川河口遺跡九七三号墓では、長頸壺の口縁部に突瘤文が施された土器が出土している（図29）。突瘤文は宇津内Ⅱa式の指標となる文様要素であり、前代の興津式にはみられない。一方、肩が強く張り出した壺形土器は、フシココタンチャシ下層式、興津式の要素であり、九七三号墓出土土器は両土器の特徴を併せもっていることがわかる。このことは、土器編年を構築する作業において重要な意味をもつ。つまり、続縄文期における突瘤文はこの段階で発生したと考えられるからである。比較資料は少ないものの、このような土器型式を介在して宇津内式の土器群が成立すると思われる。

土器型式に一連の要素がみられることは、この地域に同一集団が居住しつづけていたことを意味するものであり、また土器文様の多様化は地域文化間の折衝・接触が激しかったことを物語っているが、その分布はまだ、常呂川河口遺跡、栄浦第一遺跡などにかぎられている。

つづく宇津内文化の遺跡は、栄浦第二遺跡・同第一遺跡、常呂川右岸台地、岐阜台地など各地域に増加する。道東部の分布をみても海岸部に遺跡が多くあり、河川漁労を基盤としつつオホーツク海にも生業の場を求めたことがわかる。

宇津内文化は、オホーツク海沿岸や北太平洋沿岸地域に分布するサケ・マスなど大型魚の解体処理に適した靴形石器の使用や、有舌竪穴住居など、北東アジア諸文化の影響を強く受けている。また、サハリン産と目される琥珀製装飾品の受容なども広範囲に展開しており、後北C_2・D式の拡大経路はすでにこの段階で確立されていたとみてよいであろう。

だが、北海道全域をみても、墓域をともなう集落遺跡の調査は少ない現状がある。地域的小文化が成立していた前半期と、斉一性のある後半期の集落構造はかならずしも明らかでないが、比較的調査が進んでいる常呂遺跡群には、その集落の様相や地域文化との交渉・接触の様相が色濃く残されている。

1　続縄文前半の墓

柱穴をもつ墓

床面に複数本の柱穴をもつ墓は、釧路地方では縄文晩期後葉の幣舞式からみられ、続縄文初頭のフシココタンチャシ下層式、興津式で顕著になる。常呂川河口遺跡では、縄文晩期後葉の墓壙に柱穴はまったく認められず、続縄文初頭のフシココタンチャシ下層式、興津式相当期に出現し、宇津内Ⅱa式段階まで存続するので、釧路地方とは時間的ずれがある。これに対して道央・道南部では、恵山式後半から後北式・北大式までみられ、道東部より長期間におよんだ墓制とみることができる。とくに恵山文化は、有舌竪穴、琥珀玉の受容など宇津内文化との類似点も多く、葬制を含め長らく影響を保持していたと考えられる。

このような墓底の柱穴は、簡単な上屋構造、木の墓標、食料供献用とする見方がある一方、石川朗は釧路市幣舞遺跡の墓壙の埋土堆積状況から、「もがり」の風習を指摘している。「もがり」とは、死の直後から埋葬までの一定の期間に遺体を喪屋に安置することであり、豊原熙司によると、道東部は寒冷地のため冬期間に死亡した場合、墓を掘るのはきわめて困難であり、前もって墓壙＝喪屋を準備しておくという見方を示しており、同じ時期でも柱穴を有する墓とないものの差は墓壙の構築時期、死亡時期と関連するとみてよいであろう。常呂川河口遺跡五四二d号墓では、柱穴をもち、小溝には板材と考えられる黒色の立ち上がりも認められ、柱穴で支えられていたことが理解できる。

以下に常呂川河口遺跡で検出された代表的な続縄文前半期の墓をあげてみよう。

常呂川河口遺跡六五四b墓　フシココタンチャシ下層式相当。南側は竪穴に破壊されるものの、規模は長軸一・七《メートル》、短軸一・五《メートル》の楕円形である。深さは五〇《センチ》。遺存体は茶褐色を呈し、粘性をもち、上部には長さ二六《センチ》、幅一二《センチ》の板状の炭化材がみられる。西頭位である。

矢柄研磨器として利用された可能性をもつ軽石製品三、両面ナイフ一、削器一、石鏃一、石斧二、白色粘土塊三、土製品一などの副葬品は北壁側に集中し、小型土器は西側に置かれる。用途不明の土製品は長さ五《センチ》、幅三《センチ》の中空である。わずかに屈曲した端部に大小二つの孔があけられ、二条の刻線が施される。反対側の端部は赤変している。

常呂川河口遺跡三二九b墓　フシココタンチャシ下層から興津式相当。後続する宇津内Ⅱa式の墓と重複するので時間差は明らかである。規模は長軸一・二五《メートル》、短軸八五《センチ》の長方形である。深さは七五《センチ》。遺存体は暗赤褐色を呈し粘性をもち、ベンガラが散布される。西—南頭位である。各壁の柱穴は八本みられる。

長さ六〇《センチ》、幅五〜一〇《センチ》にわたり「L」字状にベンガラが壁隅に厚く盛られており、その上からミニチュア土器一〇、双口土器一などの土器群と、石槍一、両面ナイフ二、削器二、磨製石斧三、磨石一、凹石一、叩き石四、棒状原石四が集中して出土した（図30）。ベンガラを混ぜたような長さ二・六《センチ》ほどの長方形の土製品もある。遺物の重なり合いをみるとベンガラ散布後に土器を配置し、次に石器を副葬していることがわかる。頭部近くに先端部を揃えた石鏃が一〇本ある。土器のなかにはフシココタンチャシ下層にみられる工字文状の沈線文、縄線文、縄端圧痕文などを施したものがある。

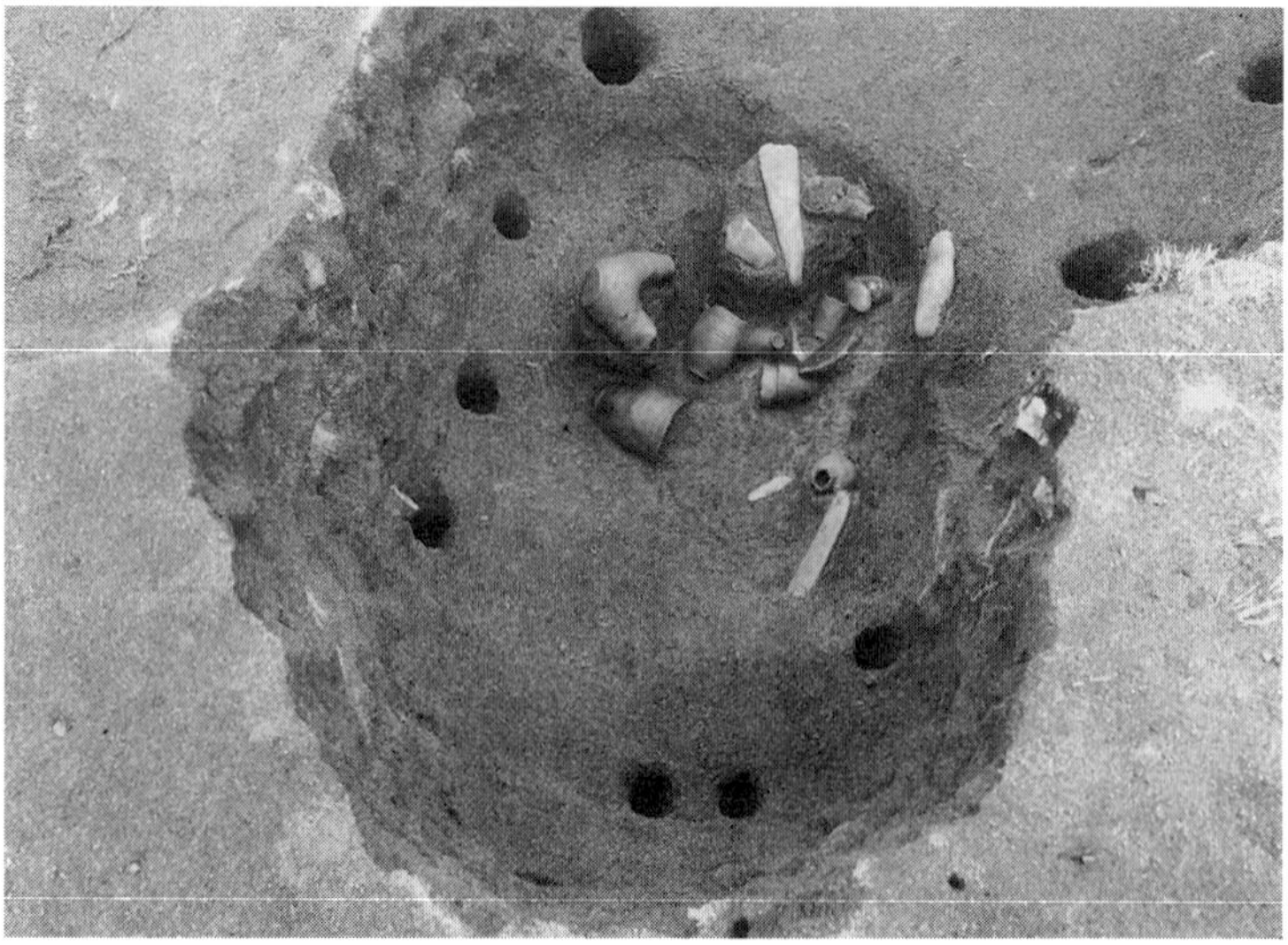

図30　常呂川河口遺跡329b 号墓

墓壙形態や床面に配置された複数の小柱穴、頭位の方向などは、宇津内Ⅱａ式墓につながる特徴として注目される。

常呂川河口遺跡二六三ａ墓　規模は長軸一・四〇メートル、短軸〇・八メートルの楕円形である。深さは三五センチ、各壁隅に五本の小柱穴をもつ。なかほどから磨製石斧三、大型棒状原石二、大型剥片が流れ込む状態で出土した。北壁側にはベンガラが散布され、八本の石鏃が副葬される。粘性をもった遺存体は赤褐色を呈する。西頭位である。遺存体の中央部から径一〜一・二センチの琥珀玉が数珠状に連なった状態で出土した（図31）。室内で各連ごとに取り上げた結果、五連確かめられた。琥珀玉の総数は一三〇〇粒におよぶ。土器はみられないが墓壙形態、柱穴の存在や琥珀玉の形状から宇津内Ⅱａ式と判断される。

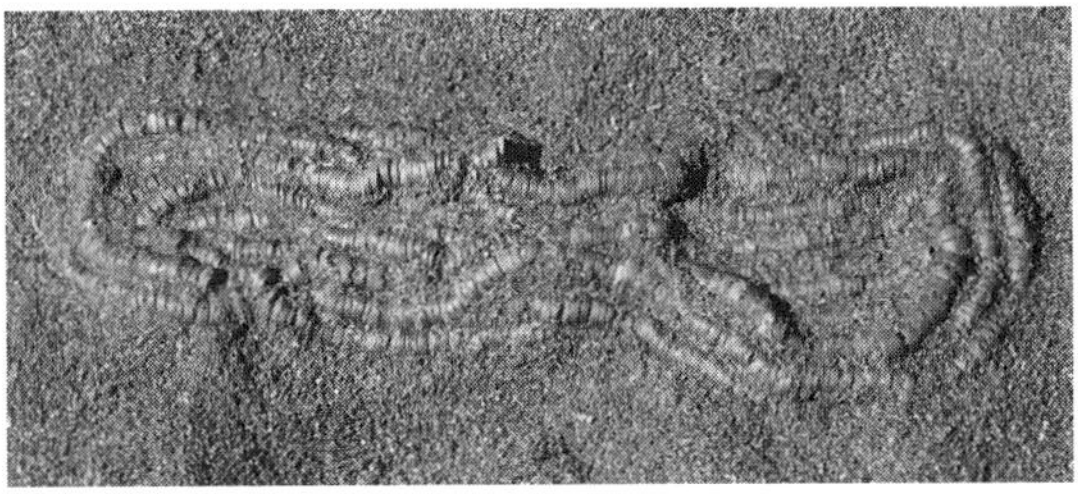

図31　常呂川河口遺跡263a号墓琥珀検出状況

特別な被葬者の墓

宇津内Ⅱa式期のなかで最も圧倒されるのが常呂川河口遺跡四七〇号墓である。上部は竪穴により破壊を受けているため残存部の深さは二四センチと浅いものの、平面形は長軸一・八〇メートル、短軸一・六二メートルの不整円形であり、他の墓と比較してもかなり大型である。床面には九本の小柱穴をもつ。

豊富な各種の副葬品には配置パターンが認められる。この墓の特徴は、遺存体上からセットで出土した装身具を中心に、土器・狩猟具と解体用石器群が東西に分離して副葬されていることである（図32）。糊状化し、暗赤褐色を呈した遺存体の東壁側には壺形の大型土器一を起点に小型土器四が縦列に置かれ、狩猟具である石鏃一四、石槍二がある。長さ三〇センチ、幅一五センチ、厚さ四〜六センチのベンガラ内からは二点の土製管玉が出土している。

解体具である削器、ナイフやその他の剝片、棒状原石など石器群は西壁側から縦列状態でみられ、長さ一二センチ、幅一〇センチの範囲にベンガラが散布されていた。

遺存体の上部には一四〇〇粒におよぶ径一・二センチの琥珀玉が連なり、下方にはやや小型であるが径〇・五センチほどの琥珀玉七七粒がやはり連なって出土した。他に異形琥珀玉五六粒があり、破損品を加味すると琥珀玉の総数は二五〇〇粒におよぶ（図33）。

琥珀玉が遺存体上部に連なって副葬される例は

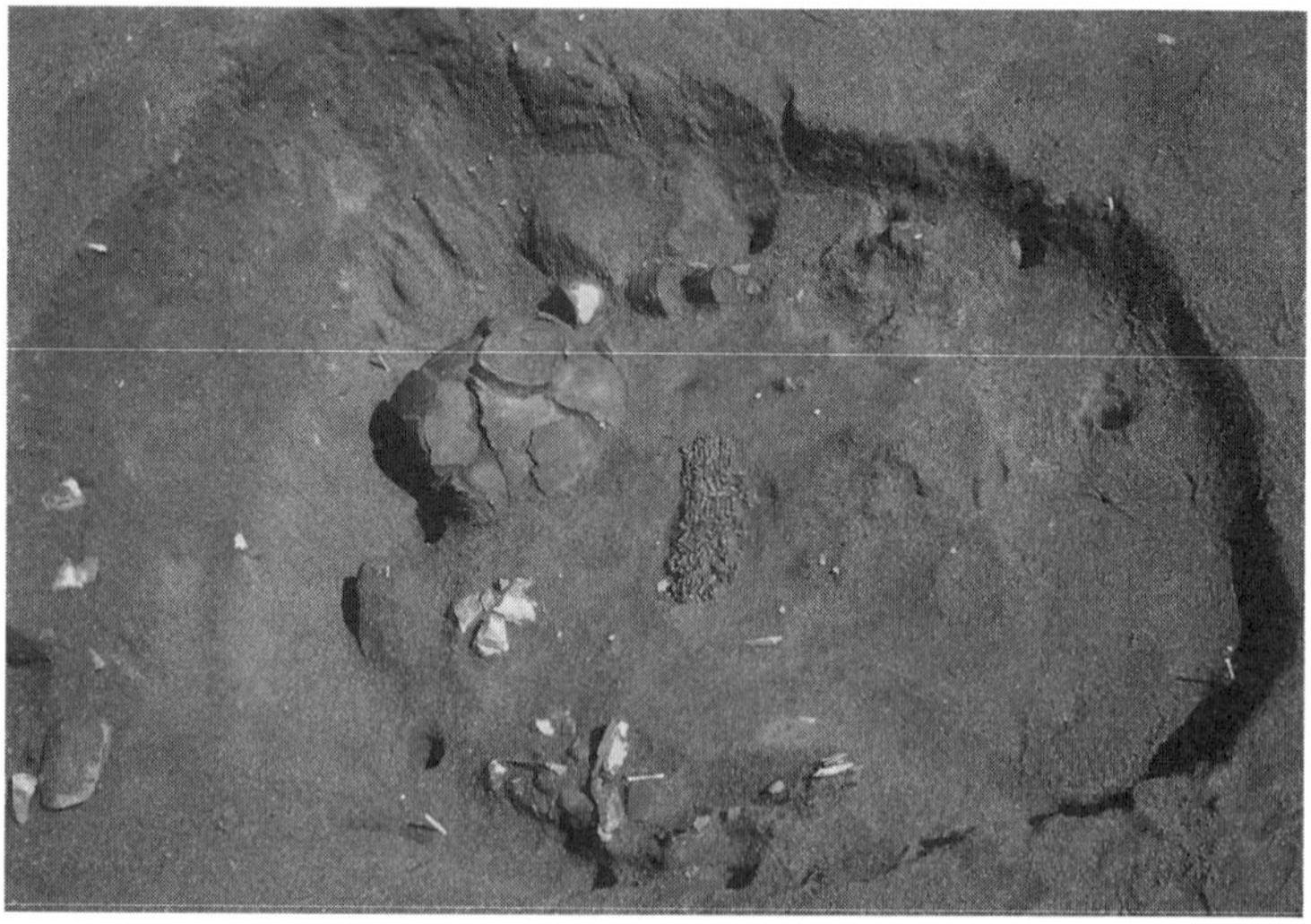

図32　常呂川河口遺跡470号墓

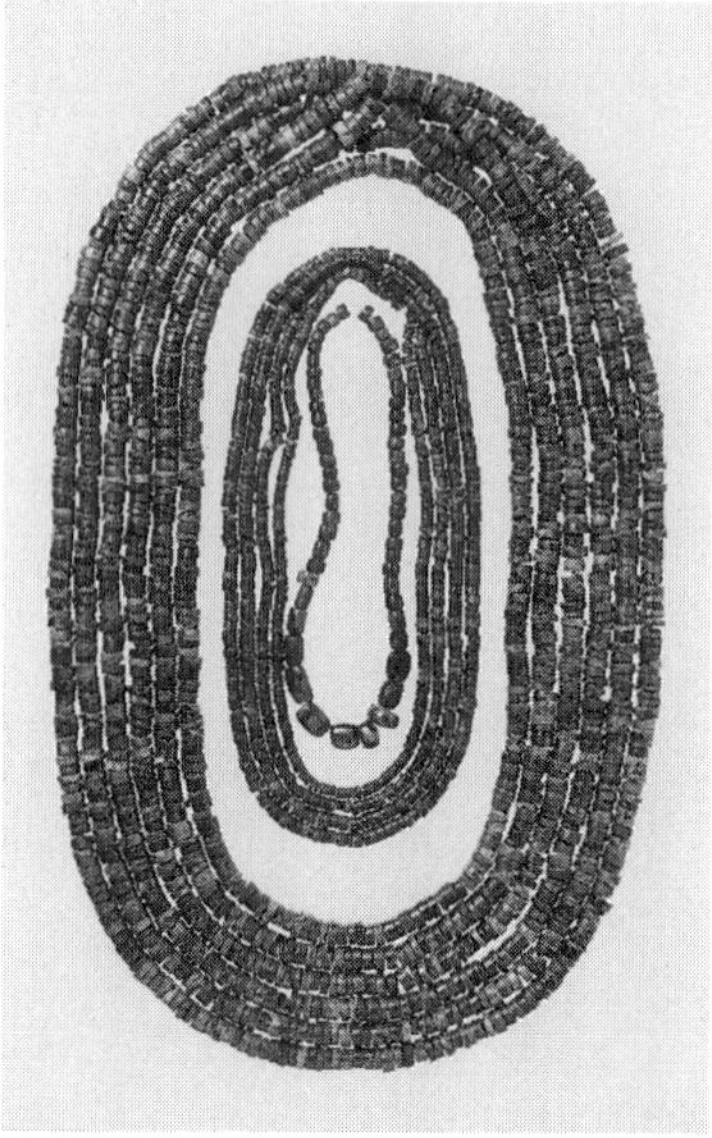

図33　470号墓出土琥珀製装身具

本遺跡でも複数認められるので、共通した配置パターンとみてよいであろう。

琥珀玉と近接してクマ頭部を意匠した粘板岩製のペンダントが出土した。縦断面は弧状、横断面はカマボコ状を呈し、鼻面である先端部を両側から穿孔する（図34）。平らな底面も海獣を意匠したと思われる窪みがみえる。畑宏明は、クマ・海獣二つの異なる姿があることから、メタモルフォ

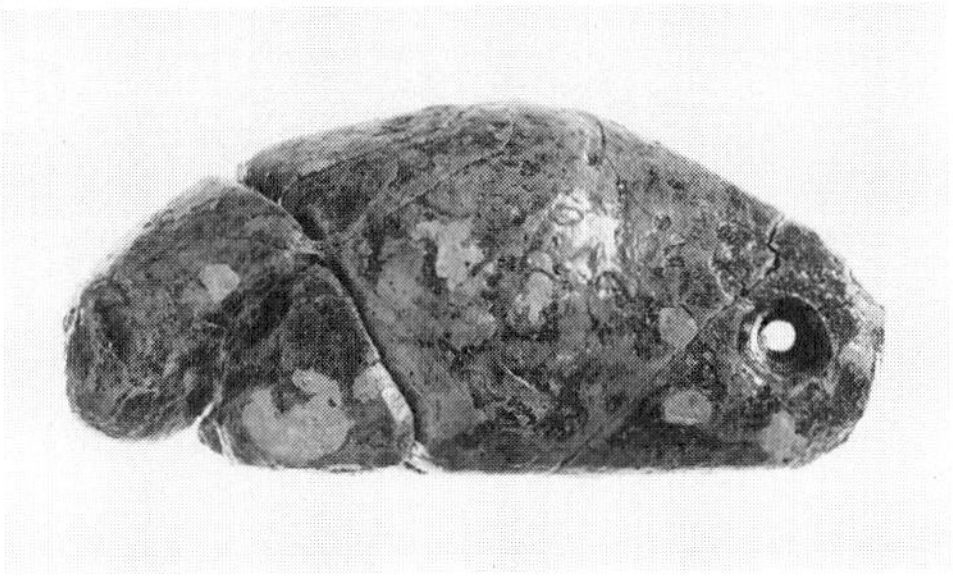

図34　470号墓出土クマ意匠ペンダント

シス（変質・変容）として表現され、アイヌ文化にみられる熊送りなど特別な儀式に用いられる、ブドウ蔓などで製作された成人男性の冠であるサパウンペにつけられる飾り物に類似しており、所有者を象徴する重要な道具と考えている。この時期の同様資料は芦別市滝里遺跡、余市町大川遺跡など道央部で四例ほどみられるものの、道東部では初めての発見であった。

　さらにクマ頭部を意匠したペンダントから約七〜八センチほど離れて、クマもしくは人を意匠した石偶が出土した（口絵1頁）。黒曜石製で長さ五センチほどの縦長剥片を素材とする。石偶は東北地方の弥生文化や北海道の続縄文文化の遺跡にあり、千島列島、カムチャッカ半島など北太平洋地域まで分布する。だが、遺構にともなった例は少なく、所属時期が明確になった点に意義がある。非実用的な石偶やクマ頭部を意匠したペンダントと琥珀玉が遺存体上から共伴して出土したことは被葬者の社会的立場を推量するうえで注目される。クマ頭部ペンダント同様に石偶もクマを表現したもので、これらは被葬者の所有物とみられる。縄文・続縄文時代に強くみられた「クマ信仰」は、オホーツク文化にいたってクマ、海獣、水鳥信仰に分化が進んだものとされるが、クマ頭部ペンダントに見られる陸獣（クマ）と海獣のメタモルフォシスからみると、分化の萌芽はこの時期からあったものと考えられる。

　琥珀玉も装身具として位置づけられるが、ペンガラと琥珀玉は同系色の赤であり、埋葬用の副葬品と考えている。同一時期の墓でも副葬品は土器、石器などに限定しており、琥珀玉をもつ例は少ない。装飾品である琥珀玉をもつから被葬者が女性とは必ずしもいえない。また、他の墓と比較して副葬品が豊富だから階層分化があったとは思われないが、この被葬者は集団を統率する族長、儀礼・祭祀を司る「シャーマン」など特別な立場にあった者で、琥珀玉はこの被葬者に許された威信材だったのであろう。

琥珀玉の産地分析

以前より琥珀玉の産地はサハリン産、岩手県久慈産説が提示されてきた。最近、北海道大学高等教育機能開発総合センター小笠原正明、原奈々絵により、三〇〇度以下の加熱では変化しない琥珀に含有する安定したテンペル類のなかでも変性を起こしにくい環状飽和炭化水素成分を通した産地分析の結果、続縄文期の平玉についてはサハリン栄浜産とされた。

また、元興寺文化財研究所植田直美の熱分析による示差熱と熱重量曲線測定でも、北海道・サハリン産の可能性が指摘されている。異なる分析方法から同一の産地が導かれたことからも、続縄文期の琥珀玉は北海道もしくはサハリン産の可能性があるとみてよいであろうが、同時期におけるサハリン側の遺跡出土例との検証も必要であることはいうまでもない。

琥珀玉の消長

続縄文期の琥珀玉は興津式からみられ、次の宇津内Ⅱa式で増加することは常呂川河口遺跡の琥珀玉出土総数が約八六〇〇粒におよぶことからも明らかである。だが次の宇津内Ⅱb式を境に琥珀玉は減少し、あらたに管玉がみられる。琥珀玉の減少と管玉の採用は、石狩低地帯に成立した後北C_1式の影響を受

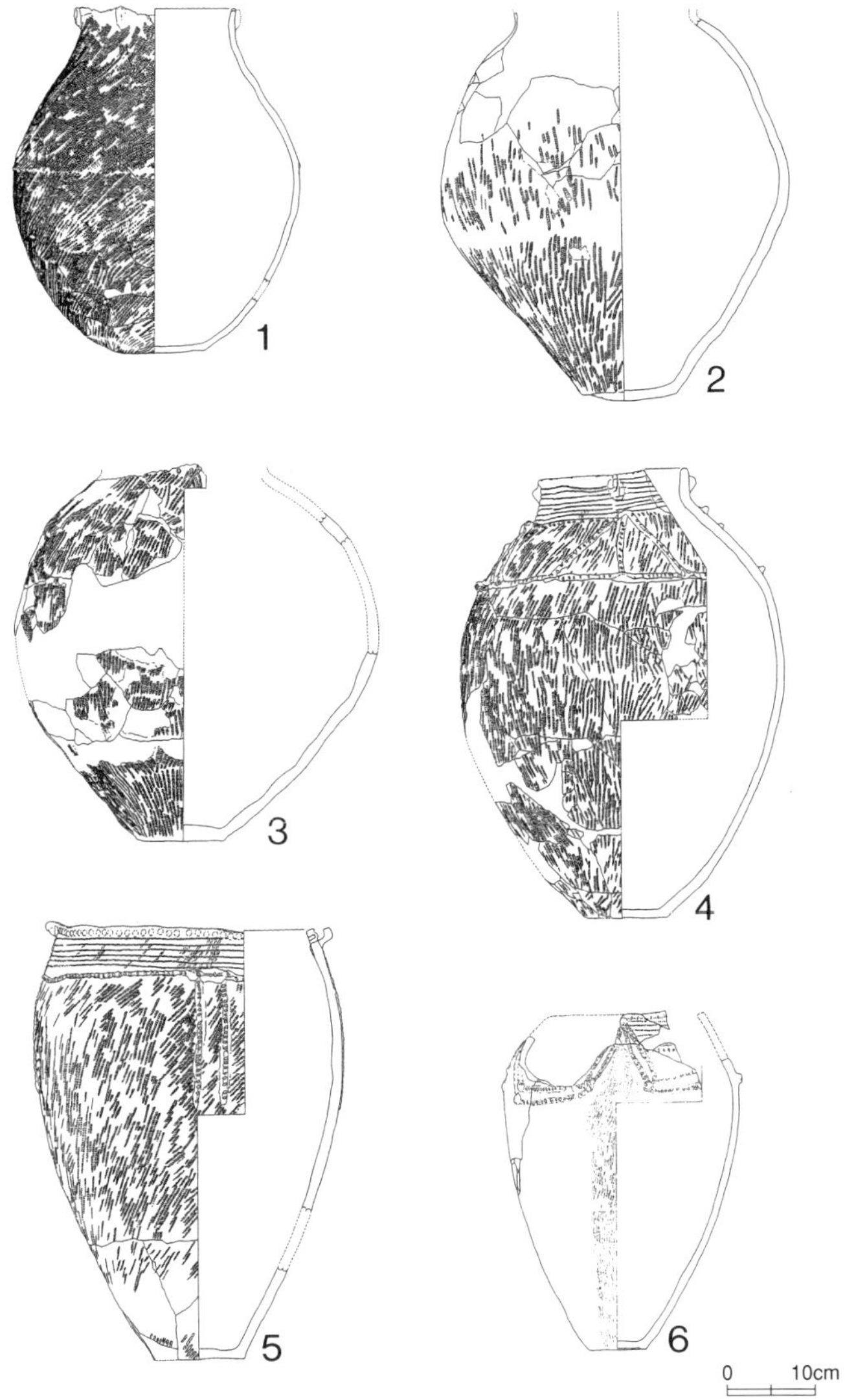

図35　続縄文前半期の埋甕

けていることを意味するもので、管玉は道央部からの搬入品と考えられる。

　琥珀玉の産地がサハリンであることを前提とした場合、宇津内Ⅱａ式の段階で大陸側との交渉ルートの確立が想定され、後北C_1式やC_2・Ｄ式の拡大路線につながっていく。

埋甕の謎　続縄文前半期の特徴的な遺構のひとつが埋甕である。埋甕は集落や墓域から離れて単独で出土する場合が多く、北海道の長沼町幌内西村《ほろないにしむら》遺跡、由仁町古山遺跡など道央・道南でも発見されている。東北地方の亀ヶ岡文化では胎児・幼児を葬った埋甕があり、甕棺としていたことは明らかである。

　岐阜第二遺跡の埋甕（図35―6）からベンガラと新生児の骨が検出されているので、胎児・幼児の埋甕風習は存在するとみてよい。土器型式からみると続縄文初頭興津式に出現し、少なくとも宇津内Ⅱａ式まで存続するようである。器形はＳＴ○八遺跡（図35―1）、常呂川河口遺跡例（図35―2～4）が興津式の壺形、次の宇津内Ⅱａ式でキャリパー状や甕形土器（図35―5・6）が使用される。宇津内Ⅱｂ式ではさらに大型化の傾向を示すものの、器面に複数の補修口がみられるなど、保存・保管といった一般的な使われかたなので、この時期において甕棺としての使用は廃れ、土器使用の幼児埋葬風習は消失したと考えられる。

2　後北文化の集落

石狩低地帯に成立した後北文化は、後北Ｂ式で地方文化と接触しはじめ、後北C_2・Ｄ式段階で斉一的に拡大するが、集落構造は不明である。深い掘り込みをもった竪穴住居は少なく、皿状の浅い掘り込みの住居が北海道内で八軒ほど調査されているにすぎない。続縄文前半期までは深く掘られた竪穴住居がつくられているのに対し、きわめて奇妙な現象であり、定住しない遊動的な生活スタイルとする意見がある。

後北C_1式から後北C_2・D式にしばしばみられる数一〇センチの浅い皿状遺構は、生業施設的側面が強い。だが、地面を数一〇センチ掘り下げた目的はなぜだろうか。数一〇センチでは平地住居とあまり変化がなく、それでも掘り下げているのには理由があろう。この程度の掘削深度では竪穴住居としての屋内保温効果はないが、旧地表面の検出はできないが外周部に沿って周堤帯をめぐらせば四〇～五〇センチの壁高をもつこととなるので、竪穴住居としての機能を考えてよいであろう。

常呂川河口遺跡では、浅い皿状の住居や古い時期の竪穴の窪みに生活層もみられるが、後北C_1式では住居跡と加工施設を想起させる長方形の大型住居と墓域が形成され、後北C_2・D式でも深い掘り込みをもった舌状部をもつ竪穴と墓域が認められた。居住域と墓域、そして生業域の存在が確認できたわけである。

後北C_1式の集落様相

常呂川河口遺跡一七二号は後北C_1式の竪穴である。直径六・四〇メートルの不整円形を呈し、皿状に浅く掘り込まれた床面中央部に二基の石囲み炉を配置する。掘り込みは浅いものの、地床炉と異なる石囲み炉は定住を意識したものと理解できる。

隣接する大型の長方形竪穴は、最大のもので長軸約九メートル、短軸約五・五メートルである。床面から後北C_1式が出土し、炉の上部から後北C_2・D式がみられる。浅い皿状の掘り込みであるが、床面中央部には竪穴長軸面と並行した細長い炉跡がある。炉は赤変部もみられるが、一般的な地床炉と異なり微細な骨片を含む数一〇センチ盛り上がった黄褐色土である。微細な魚骨を混入した黄褐色土は、大量の魚類が遺棄され腐食化した結果であると推測している。魚類などの解体・処理過程で遺棄されたか、あるいは竪穴内における魚類の送り儀礼も考えられる。札幌市K一三五遺跡では、焼土のまわりに柱穴群をもった屋外のサケ保存処理施設と考えられている遺構があるが、本例は内部に大小の柱穴が多量に見られることから屋内の処理施設であり、この区域には居住施設と生業施設の二タイプの施設が存在していたと思われる。

集石遺構

栄浦第二遺跡一六号竪穴は、標高約四メートルに構築された直径三・七メートルほどの小型竪穴住居とみられ、床面から口径二九センチ、器高三八センチの大型土器が出土する。ここからやや離れて、一・二五メートル、深さ二〇センチの掘り込みに拳大の円礫を用いた集石遺構がある。礫は火熱を受け、煤が付着し炭化材も認められる。

このような集石遺構は道東北部などの縄文後期から続縄文期にかけてみられ、続縄文前葉の稚内市声問大曲遺跡では五三基が集中する。海岸部で発見される立地分布から漁労・海獣狩猟と関連したものとされ、調理・加工の機能が想定されている。栄浦第二遺跡、常呂川河口遺跡で散見される集石は、河川に面した標高四〜五メートルの低地域にあり、サケ・マスなど漁労にともなう遺構と考えられ、屋内生業施設と屋外施設である集石遺構はセットになって機能していたとみてよいであろう。

後北C_2・D式の竪穴

この時期の竪穴住居は二タイプある。常呂川河口遺跡六九号竪穴（図36）は長軸約五・二メートルの不整円形であり、北側に長さ一・二〇メートルの舌状部をもつ。壁は開き気味に立ち上がる箇所もあるが、明確に

図36　常呂川河口遺跡69号竪穴

約四八センチほど掘り込まれ、中央に地床炉をもつ。主柱穴は北壁・南壁にそれぞれ二本ずつあり、壁柱穴は西壁と東壁で等間隔に配置される。床面から口径三〇センチ、器高三二センチの大型土器が出土している。

七二号竪穴は長軸約二・七メートルの不整円形である。壁は緩く立ち上がるものの約四〇センチ掘り込まれる。二基の地床炉、四本の小柱穴をもち、床面から注口土器、手づくね土器が出土している。六九号竪穴と七二号竪穴は規模・形態は異なるものの深さがあり、竪穴住居とみてよいであろう。

後北C_1式でみられた長方形竪穴もある。七〇号竪穴（図37）としたもので、北壁側が擦文期の竪穴によって破壊されるが、長軸約六メートル、短軸四・四メートルの規模である。壁高は浅く一八センチである。床面の柱穴は後北C_1式の竪穴ほど多くはないが、中央部に同様の細長い骨粉を含む炉跡をもった生業

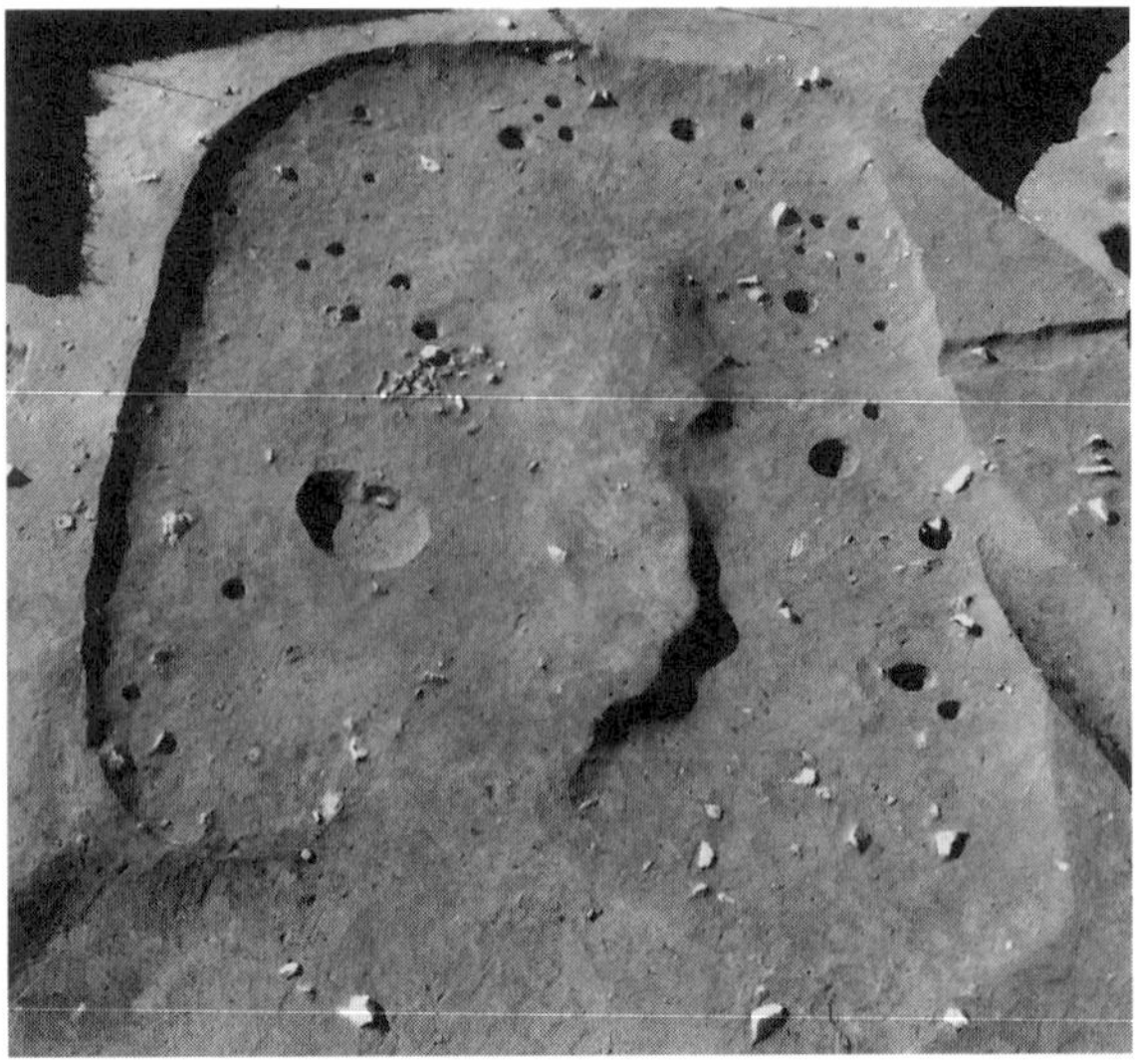

図37　常呂川河口遺跡70号竪穴

用施設とみられる。床面からやや浮いて、口径二七センチ、器高四〇センチの後北C_2・D式の土器が出土している。

特大土器の用途

常呂川河口遺跡の遺構内や包含層から、最大で口径三六センチ、器高六五センチ以上におよぶ特大鉢形土器が多量に出土している。正確な数量は現在集計中であるが、復元実測数も含めると五〇個体以上におよぶ。特大鉢形土器は中型・小型土器と比較すると煤の付着が少なく、補修口をもつ土器が多くあり、食器・調理など日常汁器用ではない。漁労等にともなう加工・保存用、運搬用土器であった可能性が考えられる。

その他、注口土器、中型・小型土器も多量に出土することから、定住して生業活動に従事していたと考えている。

後北C_1式とC_2・D式の墓制の相違

斉一的拡大の画期となった後北文化であるが、墓制に違いをもつ。後北C_1式の墓壙が一メートル前後の楕円形であるのに対し、後北C_2・D式は楕円形、円形、長方

図38　常呂川河口遺跡700号墓

形の三タイプの形態がある。いずれも東頭位を基調とするが、北頭位の場合は後北C_1式で遺存体を角礫で覆い、後北C_2・D式では土器が破砕されるなど特殊な葬例がある。床面に小柱穴を複数もつ例は後北C_1式にみられるが、後北C_2・D式では認められない。

副葬品の配置では、後北C_1式の土器が頭部側や遺体上に配置されるものもみられるが、後北C_2・D式では例外なく正立の状態で頭部側にあり、浅い壁の掘り込みをもつ袋状ピットがみられる。石鏃など石器やベンガラ散布の減少も大きな変化としてあげられる。

常呂川河口遺跡二一二号墓は長軸一・五〇メートル、短軸九五センチの楕円形である。深さは五五センチ。遺存体はベンガラが散布され粘性のある赤褐色土である。頭部近くに赤彩色された中型土器一、石鏃一七、石斧一があり、反対側の西側に剥片四四が副

図39　栄浦第一遺跡16a号墓

葬される。径三〇センチの大型砥石三点はあたかも宇津内Ⅱb式の墓を仕切るように配置されていた。

常呂川河口遺跡七〇〇号墓は長軸一・三五メートル、短軸一・一五メートルの方形である。深さは四〇センチ。遺存体は粘性のある暗赤褐色土である（図38）。歯骨の位置から判断して二体合葬墓である。通常、この時期の墓は東頭位にあるが、この墓は北頭位であり、二体とも頭部にベンガラが厚く散布される。別の北頭位墓は土器が破砕された例もあるので、北頭位は死亡原因など葬礼の変化によるものであろう。

道東部続縄文人骨の特徴

栄浦第一遺跡一六a号墓から、宇津内Ⅱb式期の人骨が良好状態で検出された。墓壙の規模は長軸約一・二五メートル、短軸約一・一〇メートルの長方形である。壁高は約三八センチ。西頭位の伏臥屈葬である（図39）。南側はあたかも副葬品を納めるための幅四五センチ程の空間をなし、土器二点、石器二四点が出土し、厚さ二・五センチのベンガラが散布されている。

人骨を鑑定した山口敏の人類学的所見は熟年男性。身長は一六八〜一七二センチ、近世アイヌと比較

図41　常呂川河口遺跡
300号墓平柄鉄斧

図40　常呂川河口遺跡
988a 号墓刀子柄部

するとかなり大柄でアイヌ骨格に共通した特徴をもつという。本例を含め北海道東部の縄文晩期後葉から続縄文期の古人骨の特徴は、噴火湾沿岸と比較して眼窩が低いと報告されており、長期間にわたり同形質の集団がこの地域で根づいていたと考えてよいであろう。

常呂川河口遺跡三〇〇号墓の人骨は、後北C_1式もしくは後北C_2・D式と判断できる。遺存状態はよくないが、頭部と大腿部の一部を検出できた。顔面を南に向けた東頭位の屈葬であり、歯骨はかなり酷使したと見受けられいちじるしく摩滅している（口絵2頁）。両眼部には濃青色のガラス玉一七点が納められるなど、特殊な埋葬儀礼が想定される。

石田肇・松村博文によれば、被葬者は熟年の成人男子。北海道アイヌの形態に近いと報告されている。

鉄製品の受容

宇津内式では、靴型石器や石鏃、削器など石器は顕著にみられたが、後北C_1式を境とした石器の減少は鉄器流入の影響によるもので、後北C_1式の常呂川河口遺跡一五七号墓からは幅八ミリの刃部に樹皮を巻き付けた刀子が黒曜石の剝片群と共伴し、同時期の一〇〇号竪穴からは長さ一七センチの刀子が出土している。後北C_2・D式である常呂川河口遺跡九八八a号墓出土の長さ一四・五センチ、幅二・五センチの柄部に撚糸を巻き付けた刀子（図40）は、後北C_1式にくらべ鍛錬された技術的に高度な製品である。

人骨が残存していた常呂川河口遺跡三〇〇号墓からは、頭部に接して板状鉄斧と刀子が重なって出土した。かろうじて保存されていた頭部は鉄成分の反応によるものと考えられる。鉄斧は長さ一二・五センチ、刃部幅五・五センチ。刀子は長さ一一センチ、刃部幅三センチである。とくに板状鉄斧（図41）は秋田県寒川Ⅱ遺跡に類似資料があるものの、他に認められない。オホーツク文化の平柄状鉄斧と同様に大陸産の可能性がある。この墓壙は、後北C_1式もしくは後北C_2・D式の墓壙群より離れた位置にあり、摩滅した歯骨、ガラス玉の特殊な出土状況や鉄製品の副葬などから、被葬者は特別な地位にあったものと考えられる。

以上、常呂川河口遺跡における続縄文期の鉄器は、後北C_1式から後北C_2・D式の五本出土している。北海道で発見されている続縄文期の鉄器は破片を含めても一八例にとどまっており、常呂川河口遺跡の出土率が高いことがわかる。数多い鉄製品の受容から、道央部の後北系文化の拡大がかなり早いスピードで道東方面に達したことが想定され、その対価の代償はサケ・マス、クマ・シカの毛皮などであったことが考えられる。

また、常呂川河口遺跡五七号竪穴からは、後北

C_2・D式と口径三〇センチ、器高三四センチの尖底土器である樺太系の鈴谷式土器が共伴し、近接して北大I式も出土した。この土器は口縁部が「く」状に外反し、六〜七本単位の櫛歯が四段施されている（口絵4頁）。鈴谷式土器はオホーツク文化の成立にかかわる土器であるが、研究者間の見解は一致していないものの、北大I式を含む後北C_2・D式との共伴は両地域の物流交易を反映した結果とみてよいであろう。常呂川河口遺跡三〇〇号墓出土の板状鉄斧や同じく出土した淡青紫色のガラス玉などは、大陸文化から受容した可能性が大きいと考えられる。ちなみに同系色の淡青紫色のガラス玉である余市町大川遺跡P97—46の資料が分析された結果、本州の弥生時代、古墳時代のカリガラスとは異なることが明らかになっている。

　むろん、常呂川河口遺跡の集団が対外交易に直接関与したとは思われないが、道東方面でも稀な集落構造をもち、大陸につながる鉄器、ガラス玉の供給をなし得たのは、対外交易に卓越した仲介者の存在と、この地域に拠点をもった単位集団を統括するリーダー間の連携した交易体制が確立されていたことによると思われる。

　常呂川河口遺跡はその拠点的集落と思われるが、海岸砂丘の栄浦第二遺跡、常呂竪穴群など史跡指定遺跡は、規模からみてもさらに豊富な資料が蓄積されていることは確実である。今後、周辺遺跡の調査の進展によって新たな展開が期待できる。

Ⅵ　大規模集落の形成

常呂遺跡群の中核をなすのが擦文文化である。土師器の整形技法である刷毛目調整を用いた土器、方形を基調にカマドを保有した竪穴など、続縄文文化にみられない特色をもつこの文化は、八世紀ごろ、全道に勢力を拡大する。サケ・マス捕獲を主体とした河川漁労を生業に、アワ・ヒエ・ソバなど雑穀栽培も行っていた。内陸部にある近隣の遠軽《えんがる》町寒河江《ちようさがえ》遺跡からアワ・キビ、佐呂間町浜佐呂間Ⅰ遺跡からアワ・ヒエ・アサが検出されている。常呂遺跡群ではこれまで発見されていないが、岐阜第二遺跡出土のＵ字形鍬先は雑穀農耕の存在を示しているようである。

鍛冶の証左となる鞴《ふいご》の羽口は、岐阜第二遺跡一、トコロチャシ南尾根遺跡一、常呂川河口遺跡二など全道で約二〇カ所発見されているものの、宇田川洋は、鉄滓の科学分析では精錬鍛冶滓が認められず鉄器の再加工を行う鍛錬鍛冶であったとしている。

擦文文化の終末は、本州産の商品流入を受けて十二・十三世紀頃とされている。

異文化の接触

擦文前期に比定される土器は、栄浦第二遺跡、同第一遺跡、常呂川河口遺跡、岐阜台地ＳＴ〇八遺跡から出土しているが、各遺跡二〜三点の単発的な数であり、遺構も認められていない。発見されていない可能性はあるが、集落を形成する規模ではなかったのであろう。渡来系のオホーツク文化が南下してきた時期と符合するため、この地域で積極的に介入できる状況になかったことが考えられる。

しかし、九世紀頃の擦文中期になって変化の兆しが現れる。網走市二ッ岩遺跡二号竪穴骨塚にはこの時期の土器が納められ、オホーツク文化と擦文文化の接触を物語っている。常呂遺跡群でも、岐阜第二遺跡八号竪穴、常呂川河口遺跡一七号竪穴はこの時期のものであり、小規模ながら着実に集落が形成しつつあったことがわかる。

やがて本州の奈良・平安時代に相当する十〜十三世紀頃の擦文後・晩期になると、爆発的な増加に転じる。常呂遺跡群の竪穴の多くはこの時期のものである。

大規模集落の形成

この時期の集落は大小の河川流域にみられる。川筋に沿って集落が点在しつつも河口部に集中するのが擦文集落の大きな特徴である。

大規模集落である栄浦第二遺跡・常呂竪穴群は、常呂川河口から西側に向かって派生する海岸砂丘上にあり、この時期の竪穴は一二八八軒を数えるが、数一〇軒単位で構成される岐阜台地の中小規模集落とは一〜二キロ隔てる近距離にもかかわらず、両地域の竪穴の密集度は大きく異なっている。とくに河口部は大規模集落を中・小規模の集落が取り巻く構造をもち、同一地域でも立地条件に左右されてまったく異なった集落空間を形成している。

キーワードは「川」である。川を境に大規模集落と中小規模集落が分離していたと解釈できる。

両空間を挟んで流れるライトコロ川はかつて常呂川の本流であった。しかも旧河川跡が大規模集落である栄浦第二遺跡周辺で蛇行をくり返しつつサロマ湖に注いでいる。現在のライトコロ川は改修工事のために直線化され岐阜台地寄りであるが、本来は海岸砂丘の大規模集落側にあった。擦文人は最も「川」に近い地域に生業の場を求めたのであろう。蛇行部のモイ（入り江）地形は魚類が溜まるところであり、幾数にも蛇行する川に近接する栄浦第二遺跡は格好の場所だったと理解できる。

　夏から秋に遡上するサケ・マスを主体に、ウグイ・イトウなどの川魚はすべて捕獲されていたことは、住居跡のカマド・炉跡からしばしば検出されるので明らかである。常呂川河口遺跡では三軒からサケの脊椎骨、ＴＫ六七遺跡でも二軒からサケ・ウグイ・イトウの魚骨がみられた。常呂町ではまだ発見されていないものの、札幌市北大構内サクシュコトニ川遺跡や旭川市錦町五遺跡などで発見されたテシ状遺構を用いて捕獲されていたのであろう。

　遺跡から見下ろす湿地帯の広がりも見逃せない。擦文期の狩猟具の発見はないが、そこに生息するガン・カモ類、シカも捕獲の対象になったであろうから、河川漁労のほかに狩猟活動においても最適の場所であったと考えられる。

　さらに、常呂川の東部丘陵地帯にあるＴＫ一〇遺跡も一三五軒を数える大集落である（図42）。竪穴群は、砂丘上の栄浦第二遺跡・常呂竪穴群や岐阜台地の遺跡群と異なり、オホーツク海をのぞむ標高三五〜六〇メートルの高台にある。ここでも常呂川を境に東側では立地条件の変化がみられる。竪穴は北側に張り出す五カ所におよぶ舌状部と東側に派生する尾根上にある

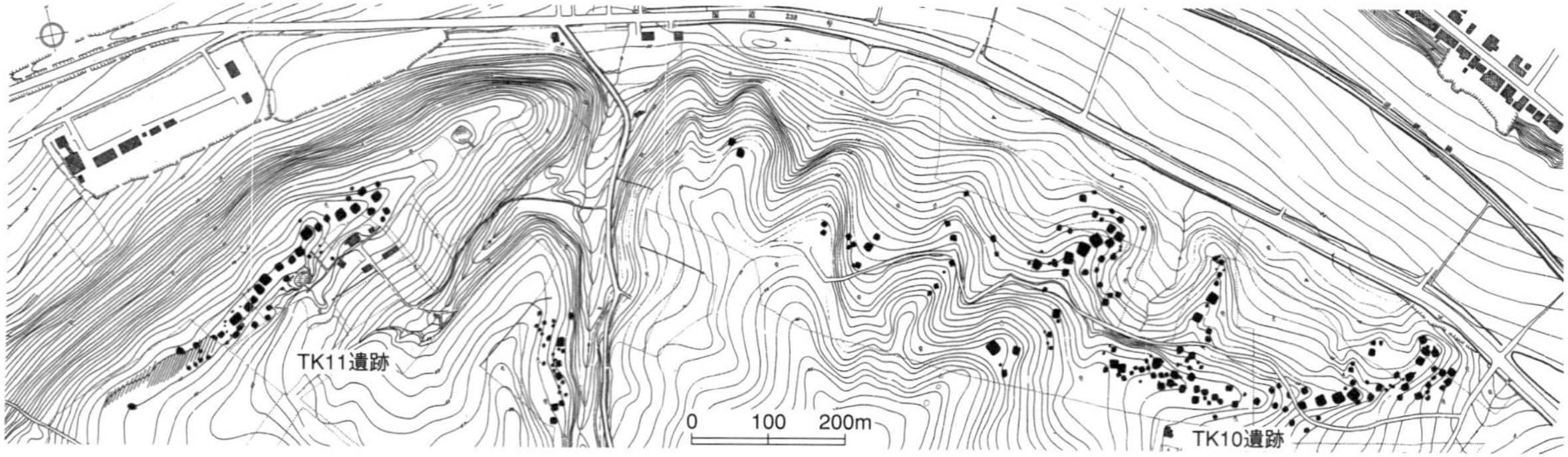

図42　大島遺跡（ＴＫ10・11）竪穴群

中規模のＴＫ一一遺跡も東側に派生する平坦な尾根上に約六〇軒の竪穴があるので、低地部を除く大・中規模集落の竪穴占地の条件は、舌状部と平坦な尾根上ということができる。この地域から海側に向かって緩斜面となる。大部分が畑作地であるため竪穴の窪みはわからないが、最北端部のＴＫ〇七遺跡一号竪穴は擦文晩期に属し、海に向かう緩斜面にも大規模な擦文集落が予想できる。この地域は常呂遺跡群のなかで最もオホーツク海に近く、「海」に関連した領域空間が推測できる。

常呂川とライトコロ川を基軸に、西側はサロマ湖、東側はオホーツク海があり、東西で擦文集落の構造が異なっている。周辺環境の違いは、雑穀農耕を含め擦文人の生業活動と密接に関連していたと考えられる。

集落形成の要因と竪穴構築の規制

栄浦第二遺跡、常呂竪穴群など擦文期の竪穴住居一二八八軒はすべて同時期にあったのではなく、岐阜第二遺跡、同第三遺跡で分析されているとおり二～三軒で集落を構成していたようである。だが、地形によって左右されたとみえ、岐阜第二遺跡では沢筋と並行してあるが、沢に近い側から遠い側に変遷し、源流近くでは陽あたりのよい地点から劣悪な地点に台地を取り巻く状態で移動した結果であると藤本強は指摘している。常呂川河口遺跡でも、住居相互の規模と間隔からみても、東西に広く伸びた台地に二～三軒で集落を構成していることがわかっている。

この地域に同時併存する複数の集落がどの程度あったのかは明らかではない。表2で示したとおり栄浦第二遺跡・常呂竪穴群には一二八八軒の竪穴群があるが、擦文文化が四〇〇年継続したとしても一年に三軒程度となる。つまり膨大な数もじつは数百年間にわたって営々と築き上げられたといえる。

これほどまで竪穴住居が残された理由は、擦文人の竪穴住居構築の基本的規制によるものである。最もきびしいのは前代の住居の窪地をさけるということである。完全に埋没している竪穴の場合は、そこに住居があったことを知らずに掘られるため、稀に重複することはあるが、ほとんど重複することがない。明らかに窪地を避けているわけであるが、続縄文人が古い時代の住居を何回も利用して居住するのと対象的である。

また、岐阜第三遺跡で分析されているとおり、最初は最適の居住地に住居を構築するものの、しだいに条件の悪い地点に移動している。さらに、その場所も住みにくくなるとふたたび前の地点にもどることなど先住権も指摘されている。TK六七遺跡の五軒は、日あたりが悪い北面した急斜面を削るように構築されている。反対側の台地は比較的緩斜面であるにもかかわらずこの地では歩行に難儀するほどの斜面を選定している。その背景には集団間の土地領域規制があり、世代間に継承された「縄張り」意識が想定される。このような規制が擦文人の居住適地を狭めたわけであるが、このことが多くの竪穴住居を残すことにつながったのである。

擦文後・晩期からみられる竪穴の増加原因について藤本強は、夏から秋にかけて大量に遡上するサケ・マス捕獲のために多くの人びとが集合し形成された一時的な集落であり、夏から秋にかけて限定的に居住し、岐阜台地などの中・小規模集落は冬から春の拠点と指摘している。季節ごとの住み分けを立証することは困難であるが、河川を単位とした中・小規模の集団が集まり、集中的に資源を確保することは旧河川に面した遺跡の立地上からも考えられる。その他、オホーツク文化衰退

図43　TK67遺跡出土須恵器、青森県五所ケ原窯跡群産

説、鉄器入手のための海獣毛皮の獲得説など、地域集団の生業活動が単なる経済活動にとどまらず、外的要因を受けていたことも推測されている。

いずれにしても常呂川河口部が拠点的な重要な位置を占めていたことは間違いなく、トコロチャシ南尾根遺跡、ＴＫ六七遺跡、常呂川河口遺跡など六カ所から出土している青森県五所ケ原窯跡群産の須恵器（図43）などの搬入品からも明らかである。

神聖な空間

前代の竪穴の窪地を避けた理由として、擦文人は窪地が神聖な場所であり、祖先の霊が宿る場所と考えていたことがあげられる。

道東部では廃屋墓と称される楕円状のピットが竪穴内部から顕著に発見されている。常呂川河口遺跡オホーツク文化一五号竪穴では、五基の楕円形墓が環状に配置されているので、家屋跡や窪みを墓域空間とみていたのであろう。このような例は特別と理解されるが、擦文期の竪穴に比して墓の発見例は少なく、墓域の有無など謎を多く残している。

また、アイヌが窪地に残した送り場や石積み遺構も同様であり、人が死ぬと家屋を焼く風習もその延長線にあるとみてよいであろう。

冬季のコマイ漁

ライトコロ右岸遺跡は、ライトコロ川河口に近い標高二メートルの低地帯にある。擦文期の一六軒の竪穴が東京大学文学部考古学研究室によって調査されているが、低地にあるため、ライトコロ川の氾濫による影響で、竪穴の埋土に粘土層が堆積しており、窪みはきわめて浅かった。

ライトコロ右岸遺跡では、サケは小量であるものの、沿岸性のコマイ魚骨が一〇軒の竪穴から検出されている。コマイは一月から三月の産卵個体である。このことから氷下のコマイ漁が行われ、漁労のため冬期間に集中的に居住されたと考えられている。冬期間だと洪水に脅かされる心配もないのである。

このような低地帯にある遺跡は最近、大規模集落である栄浦第二遺跡の下面からも一三軒の竪穴が発見されている。直上に大遺跡群を控えもつにもかかわらず、下面に竪穴を構築する理由は、季節ごとの住みわけなのであろうか。あるいは、生業従事者の臨時的施設とみられる。

一九八一（昭和五十六）年の詳細分布調査で、ライトコロ右岸遺跡の西側湿地帯において一メートルの試掘口をあけたところ、泥炭層から径三〜四センチの細い木杭が二本、刺突具一本が出土し、木製品はさらに広がる傾向をもっている。詳細な時期は不明であるが、立地的にみても本遺跡と関連する可能性が高い。この周辺は河口に近いためか流路が複雑であり、捕獲施設の存在する可能性がある。

箱型開孔板綜絖機

擦文人が織機技術を習得していたことは、紡錘車や豊富町豊里遺跡、釧路市北斗遺跡にみられる撚紐、編物、ゴザ状編物などの繊維製品から明らかであっ

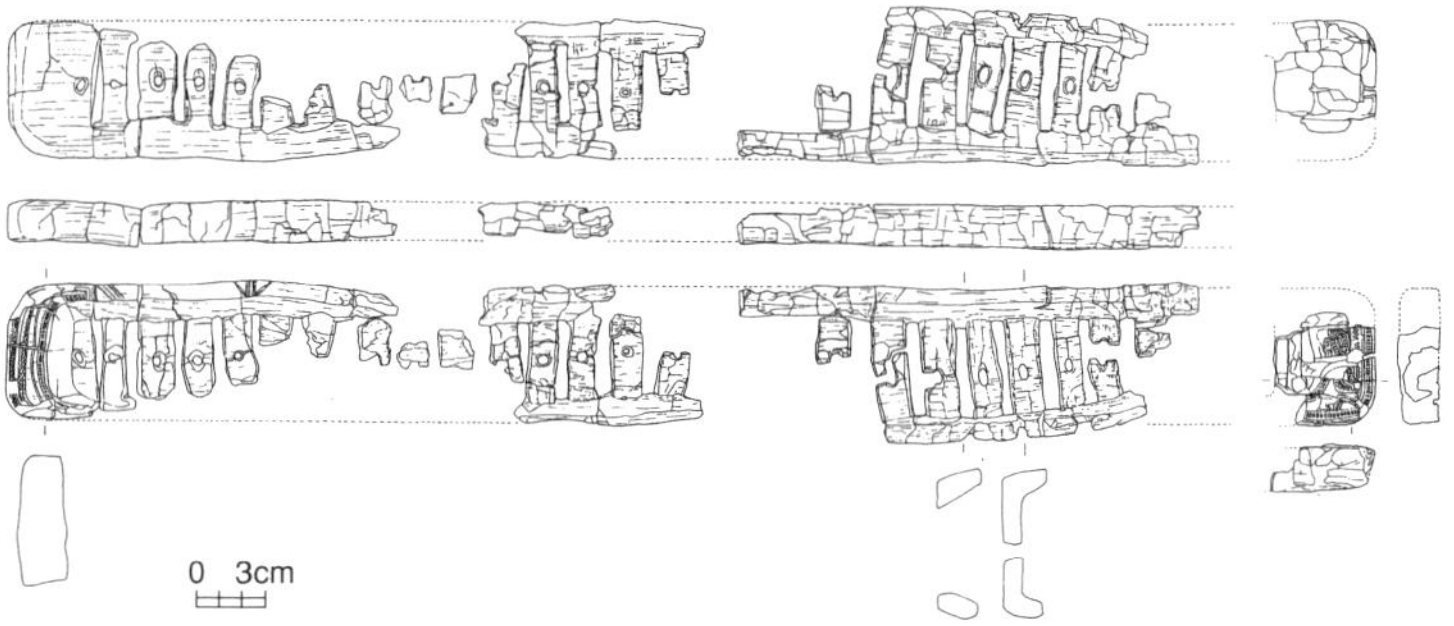

図44　栄浦第二遺跡48号竪穴箱型開孔板綜絖機

た。解明されていない織機の技術・技法と交易ルートの謎を解くのが、擦文後期の栄浦第二遺跡四八号竪穴出土の木製品である。本資料は焼失住居からの出土であるにもかかわらず完全に燃えきらず、炭化した状態で残されていた。南壁際から同一形態に属する三本が樹皮に包まれた状況で出土した。最も遺存のよいのは推定長さ六三センチ、幅六センチ、厚さ一・八センチ。箱形の形状をもち孔と溝が交互にあけられており、両端部にはアイヌ文様に類似する直線・曲線文様が緻密に彫刻されている(図44)。

　これまで類例のないあまりにも不思議な形態をもつため、発見当初から謎の遺物であった。長さは異なるが、名寄市北国博物館にある昭和初期に使用されていた類似資料の存在を知り、またタイ国では最近まで使用されていたことを大貫静夫から聞きおよび、機織具と認識するにいたった経緯がある。

　しかし、吉本忍によると、この資料は箱型開孔板綜絖と称する幅広い織物用の織機であり、底部に緯糸の打ち込みによってできる使用痕があることから、板状単式開孔綜絖に見られない緯打機能をもつという。豊里遺跡出土のゴザ状織物の経糸間隔と本資料の孔と溝の間隔が一センチであることから、ゴザ状織物用の織機であること、また津南町歴史民俗資料館に十九世紀頃の類似資料が収蔵されており、かつて東北地方では普遍的な織機であったと指摘している。擦文後期は約十・十一世紀に相当するので、この箱型開孔板綜絖は現存する最古の考古資料といえる。

カマド前部からは二点の紡錘車が出土し、共伴した樹皮の表面には数本の撚紐が付着するなど、居住者は織機を熟知していたことがうかがえる。箱型開板綜絖は稀にみる遺物であるが、紡錘車はしばしば竪穴住居から出土するので、箱型開板綜絖などの織機は一般的に普及していたと思われる。

また、この資料には刻印記号が施されていた。刻印記号とは土器、高杯の底部に各種の記号を刻線するもので、発見されている三六遺跡三一六点の大部分は日本海側に集中しており、オホーツク海側では栄浦第二遺跡、TK〇七遺跡の二点に留まっている。箱型開板綜絖は東北地方に系譜をもち、刻印記号の分布状況からみて日本海側から道北方面を経由して網走・北見地方に搬入された可能性が高い。縄文晩期以降、擦文後期の十世紀頃までは太平洋側よりも日本海側からの影響が強かったとみられる。オホーツク文化の衰退期でもあるこの時期は、擦文文化拡大の機会であった。

Ⅶ　オホーツク文化の盛衰と融合

1　海洋民族の文化

北海道・サハリン（樺太）・千島列島のオホーツク海沿岸で展開したオホーツク文化は、五世紀頃にサハリンから北海道に南下し、七・八世紀に隆盛期を迎えたとされ、クジラ、アザラシ、オットセイなど海獣狩猟を主たる生業としていた。根室市弁天島貝塚出土の針入れに七〜八人を乗せて捕鯨する彫刻品があるので、かなり大型の舟をもっていたことは明らかである。ブタ・イヌの飼育も行っていた。竪穴からアワ、オオムギ、キビなどの栽培植物の種子も検出されるなど沿岸漁労民的な民族と考えられている。

交易も活発であり、大陸側からは平柄鉄斧、曲手刀子、鉾などの鉄製品や、帯飾り、鐸、鈴などの青銅製品、耳飾りなどの銀製品。本州方面からは蕨手刀、直刀、毛抜形太刀、刀子などの鉄製品を受容していた。供給物としてアザラシ、オットセイ、クマ、テン、ラッコなどの毛皮などが想定される。奥尻島青苗《あおない》砂丘《さきゅう》遺跡や江差町柳崎三遺跡などでは十和田式相当の土器が出土しており、日本海側にも足跡を残している。

終末は擦文文化と融合したトビニタイ文化を含めると十三世紀頃と考えられている。土器、石器、骨角器など各種遺物や、竪穴形態と内部の骨塚、墓制など、常呂遺跡群の調査から詳しくみてみよう。

2　常呂町のオホーツク文化遺跡

オホーツク文化の研究は、一九四七（昭和二十二）年に開始された網走市モヨロ貝塚の調査が嚆矢とされ、その後、道北・道東部の各地で調査が行われてきた。

常呂町内のオホーツク文化の竪穴群は、海岸砂丘台地の栄浦第二遺跡と常呂川河口遺跡およびトコロチャシ跡遺跡オホーツク地点の三遺跡がある。常呂川河口遺跡は低地、トコロチャシ跡遺跡は台地の上部に位置するなど、立地上の相違や集落間における同時併存の問題は残されているものの、いずれも常呂川河口地域にあることは事実である。したがって海岸砂丘と常呂川河口地域がオホーツク文化の拠点ということになる。

代表的な遺跡と発掘された竪穴住居、出土遺物をあげてみよう。

(一)　栄浦第二遺跡の竪穴群

東京大学文学部考古学研究室により窪みの形態から四七軒が確認され、常呂町による発掘調査で新たに四軒加わり総数五一軒におよぶ。このなかには以前から着目されていた一一号、二八号などオホーツク文化終末期の方形竪穴も含まれているので、擦文期の竪穴と見こしていた方形の窪みのなかには、オホーツク文化終末期の竪穴も相当存在するであろうことを指摘したい。

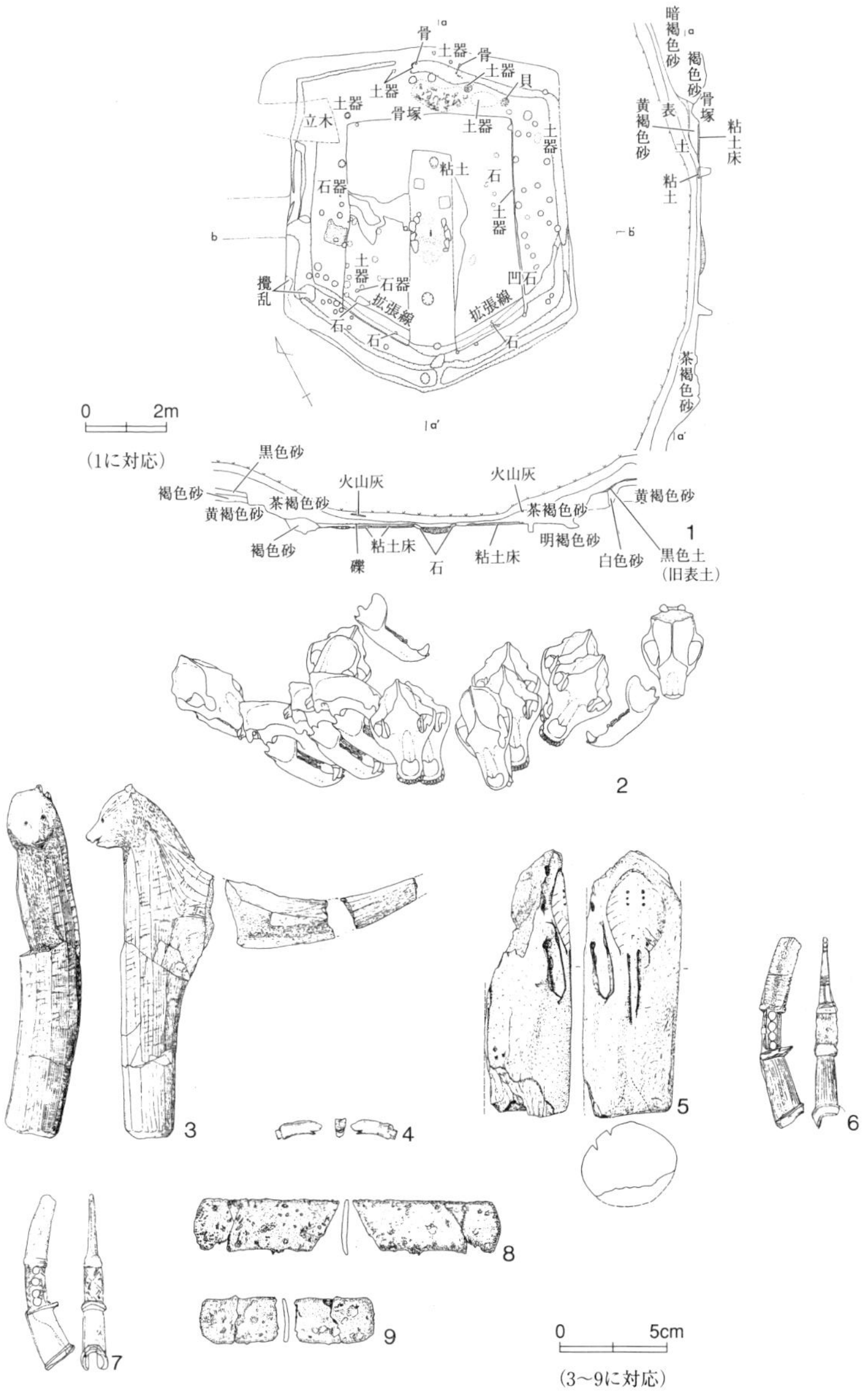

図45　栄浦第二遺跡 7 号竪穴出土遺物

図46　青銅製帯飾り

七号竪穴

窪みは一・八〇《メートル》におよんでいた。規模は長軸一〇《メートル》、短軸八・二《メートル》の六角形を呈し、「コ」字状の粘土の貼床をもつ（図45―1）。北壁中央部はクマ一〇、エゾシカ一三〜一四がブロックをつくり内向きに並べられている（図45―2）。エゾシカは雄が多く、側頭部を穿孔、破壊、角は切断される。他にエゾタヌキ一九、キタキツネ、クロテン、ワシ、ニシンなどがある。狩猟具である石鏃は骨塚のまわりから出土している。

鹿角を素材としたクマ頭部の彫刻品（図45―3）は骨塚出土。握りやすくするためであろう柄部は幾数に面取っているが、部分的に火熱を受けている。炭化木製品のクマ彫刻品は後端部が一段下がり円形に作出され、栓の用途が考えられる（図45―4）。鹿角に浮彫されたエイと沈彫された組合せ式釣針の彫刻品（図45―5）もみごとである。浮彫と沈彫の異なる技法を使い分け、六個の吸気口も表出しエイの特徴を描いている。丸みをもってていねいに作出され、下端部の中央は「ハ」字状の孔があり、なんらかの機能が想定される。鹿角製の楽器頂部（図45―6・7）は二点とも長さ八・四〜九《センチ》で、四個の糸巻き孔がある。他に鉄製小札（図45―8・9）がある。

青銅製の帯飾り（図46）は縦四・九《センチ》、横四・八《センチ》の方形。上部は同心円文状の透かし、下部は横位の刻線と刺突列で構成され、垂直孔をもつ。同種の遺物はモヨロ貝塚に三例、目梨泊遺跡に五例ある。大陸の靺鞨・女真文化の多くの墓からも発見されており、威信材と考えられている。時期

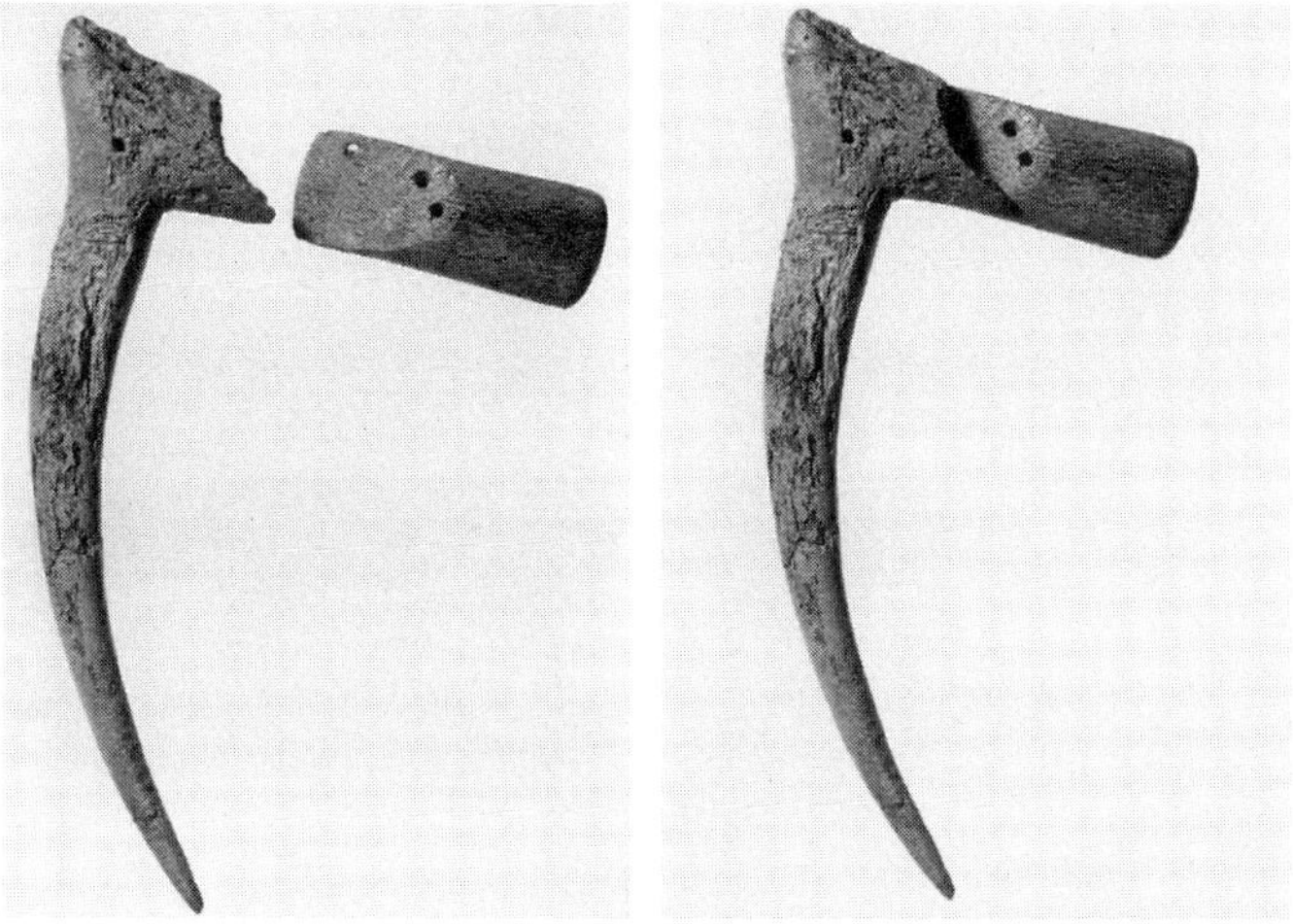

図47　栄浦第二遺跡23号竪穴骨角器接合資料

は約八世紀、オホーツク文化期藤本編年d群である。

指揮棒状骨角器

鹿角を素材としたクマ頭部の彫刻品は、栄浦第二遺跡二三号竪穴や常呂川河口遺跡一五号竪穴からも出土している。二三号出土資料は、顔部が剥落するものの耳部がかろうじて残り、やや下方には手・胴部の一部が表現され、クマの全身を彫刻した可能性が高い。「指揮棒」柄部は摩滅するほど丸みを帯び、刃部がいちじるしいほど使用痕が残された楔状骨角器と接合する（図47）。とくに楔状骨角器の素材が大型鯨骨製である点は注目される。クマとクジラの結合を意図したように思える。

いわゆる「指揮棒」には、陸獣のクマと海獣のクジラが同一素材に施された例が亦稚《またわつか》貝塚にあり、常呂川河口遺跡一五号にもみられる。陸獣と海獣の代表格であるクマとクジラは、オホーツク人の捕獲の対象になった動物であり、祭祀の対象になっても不思議ではない。宇田川洋のいうアイヌのキムン・カムイ＝山におわす神＝クマと、レプン・カムイ＝沖におわす神＝シャチの「二分制の神観念」は、クジラもその範疇にあるものと考えている。

一二号竪穴　規模は一辺三・五メートルで、方形を呈する。主柱穴の位置が特徴的で、石囲み炉を基準に西壁二本と東壁二本が対に配置される。貼床はみられず、径〇・七〇メートルの長方形の石囲み炉をもつ。壁は半割材を主体に板材がほぼ垂直に並べられる。骨塚はみられない。時期は約九世紀、オホーツク文化終末の藤本編年e群である。

二三号竪穴　二次堆積土で覆われていた土砂を取り除くと、一・八〇メートルにおよぶ窪みが確認された。道路の拡幅工事にともなう調査によるため完掘していないが、規模は長軸一一メートル、短軸八メートルの六角形を呈すると思われる。主柱穴は長軸上と東壁側に複数本ある。「コ」字状の粘土貼床をもち、オホーツク二八号墓を切り込んで構築されていた。

北壁中央にある骨塚は、ヒグマ二〇、シカ一五、タヌキ一九、キツネ六、テン、カワウソそれぞれ三個体分で構成される。骨塚上部から拳大の円礫、特大型土器と縄文中期北筒式の完形品が出土し、下部から藤本編年d群の小型土器、骨角器、石鏃二五本出土。動物遺存体を境に上部から土器、下部から石器が出土するわけだが、石鏃などは四号、二五号でも骨塚側から出土しており注目される。

二五号竪穴　調査前は一メートルほどの窪みであった。道路の拡幅工事にともなう調査のため完掘していない。規模は長軸九・八メートル、短軸

図48　トコロチャシ跡遺跡7号竪穴

六メートルの六角形を呈する。主柱は長軸上に複数本あるが、一部は切り合っている。炉跡も重なるので建替えの可能性があり、「コ」字状の粘土貼床をもつ。西壁の骨塚上部に特大土器五、大型一、小型一が入れ子の状態で出土。骨塚はヒグマ九、シカ五、タヌキ五、キツネ・テン二個体で構成される。海獣類はアザラシ、アシカ、トド、クジラ等があるが量は少ない。内部から石鏃二七本出土。骨塚床面に一〇本の小ピットが方形に配列されており、棚状遺構が推測できる。時期はオホーツク文化期藤本編年d群である。

(二) トコロチャシ跡遺跡オホーツク地点の竪穴群

七号内・外竪穴　大型住居のなかに小型住居がある二軒重複した住居（図48）。外側は藤本編年d群。内側は同e群に比定され

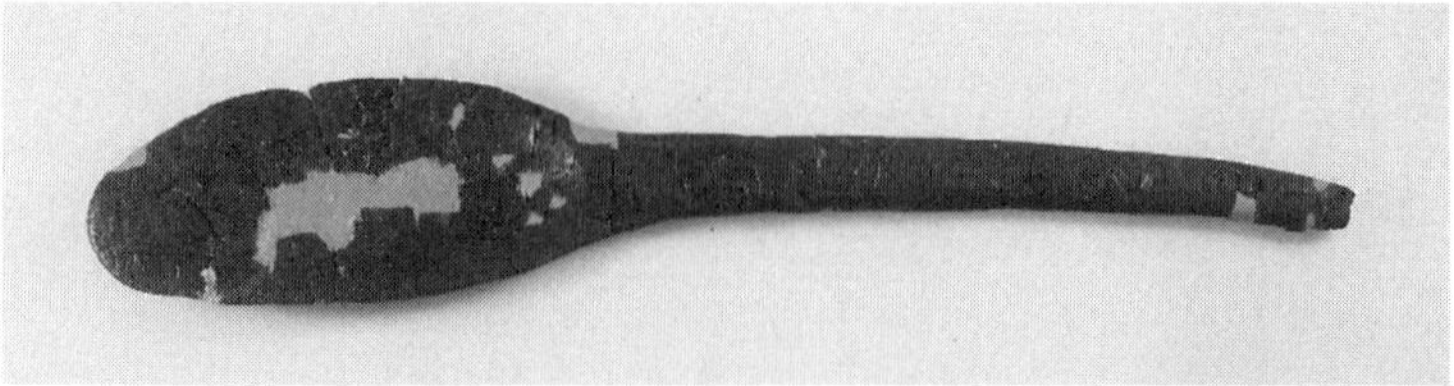

図49　杓子

図50　櫛

る。七号外側竪穴は長軸一三・五メートル、短軸九・七メートルの六角形である。火災を受けているため「コ」字状に貼られた床面の粘土は赤化している。長軸に四本並ぶ主柱穴の一本には、直径一〇センチ程の七本の丸太材がシラカバ樹皮で巻かれている。壁もシラカバ樹皮を幾重にも重ねた後に丸太材や厚さ三センチの板材が立てられ、横木と丸太材で支えられている。

骨塚の動物種は多岐にわたる。陸獣ではクマが最も多く百頭以上におよび、シカ・エゾタヌキ・キタキツネ・クロテンが含まれる。海獣はオットセイ・アザラシ。鳥類はシマフクロウが確認された。クマ頭骨は重ねられて縦方向に配列される（口絵3頁）。栄浦第二遺跡七号竪穴、網走市モヨロ貝塚七号竪穴に類例があるこの手法は、骨塚クマ頭骨配置の基本パターンと考えられる。前から後ろ側に高く積み重ねることにより、クマ頭骨や骨塚全体を威厳に満ちた空間にすることを意図したもので、栄浦第二遺跡二五号竪穴骨塚の入れ子土器も、積み重ねることによって骨塚を大きくする効果を狙ったものとも考えられよう。本竪穴や栄浦第二遺跡二五号竪穴骨塚で指摘されている祭壇状の構造物は、オホーツク人にとって当前の付属施設だったであろう。

　遺物は炭化木製品が注目される。盆・椀・樹皮容器・杓子（図49）・篦・スプーン・櫛（図50）など多種あり、断片ではあるが網・編物・組紐など繊維製品が加わる。帯金具として用いられた十字形の金属器は前例のない資料である。

　七号内側竪穴は長軸八・五メートル、短軸七・四メートルの小型である。竪穴の構築手法は外側住居とは変化ない。主柱穴には二本の丸太材があり、六本の柱穴が認められた。外側竪穴同様の方法により主柱とされていたのであろう。粘土の貼床は「ニ」字状を呈し、住居の規模、骨塚は縮小する。炉跡はオホーツク文化特有の石囲み炉ではなく、木枠で囲まれている。

八号竪穴

　規模は長軸一二メートル、短軸八・八メートルの五角形である（口絵3頁）。「コ」字状の貼床は焼失を受けガチガチに赤変している。貼床や壁側の周溝の切り合い状況から、規模の縮小や建替えが想定される。主柱穴は長軸面に二本あり、壁側には炭化した柱材もみられる。炭化材は開口部側から検出されているが、壁面に樹皮を用い、厚さ三センチほどの板材を並べるなど七号竪穴と同じ技法で建築されている。さらに貼床の周囲を木枠で囲い、中央部に位置する炉跡は石囲み炉と木枠が併用されている。

　骨塚は奥壁側と開口部側の二カ所で認められた。奥壁側はクマ頭骨・四肢骨、キタキツネ、エゾタヌキ頭骨・四肢骨、海獣頭骨で構成され、開口部側は五〇～六〇センチの木枠上からクマの四肢骨がみられる。

　出土遺物は多くないが、鉄製刀子、鉄鏃、青銅製筒状品などの金属器、銛頭、骨斧などの骨角器、弓状、木刀状、樹皮製たいまつ状の木製品がある。時期は藤本編年e群に比定される。

(三)竪穴住居内部構造の検証

画一化された竪穴住居の内部　オホーツク文化の住居は地面を深く掘り下げた竪穴住居である。平面形は五角形か六角形であり、最大のものは長軸一四メートル、短軸一〇メートルの規模におよぶ。

住居には太い柱穴と細い柱穴が規則的に配列されている。一般的に主柱である太い柱は長軸面に二～四本あり、やや細めの補助柱は貼床の外周部にある。主柱には棟木、補助柱には梁が架けられていた。その梁と棟木には垂木が渡され骨組ができていたと推測できる。六角形の平面形態から切り妻形の屋根構造が考えられる。共同のユーティリティースペース＝作業空間があり、作業を行う土間には「コ」字状に粘土が貼られるが、これは竪穴が砂地につくられた場合などに足元を安定する効果がある。厚さは四～五センチにおよび、用いられる灰白色・黄褐色粘土は近くの河川から採取したのであろう。住居の中央には一メートル内外の方形の石囲み炉が強固につくられる。

住居であるからには出入口があったはずであるが、その位置は特定されていない。極北のアリュート、コリャーク民族などは屋根から梯子を使って出入りしたことが民族誌に見られるものの、オホーツク文化では定かでない。一般的にみて骨塚の反対側である「コ」字状粘土貼床の開口部側が出入口と考えられ、常呂川河口遺跡一五号竪穴はこの部分だけ周溝が切れていた。トコロチャシ跡遺跡のオホーツク地点七号竪穴では、多数の小ピット群が検出されており、出入口用の施設が設置されていた可能性がある。

図51　オホーツク文化竪穴住居内部の様子（絵：富田恵子）

貼床と壁の間が個人的な居住空間・起居の場であり、生活遺物の多くはこの区域から出土する。斜里町ウトロ海岸砂丘一号竪穴でベッド状の段差が確認されているので、ベッドの下が収納場所となっていたと考えられる。板敷である羅臼《らうす》町《ちょう》松法川《まつのりがわ》北岸《ほくがん》遺跡一二号・一三号、粘土を貼った香深井《かふかい》遺跡一号d竪穴など段差をもたない例もあるが、常呂川河口遺跡一五号竪穴などの遺物の出土傾向から判断すると、多くはベッド状の段差をもっていた可能性が高いようである。

この文化最大の特色が骨塚と称する祭祀・儀礼の空間である（図51）。栄浦第二遺跡四号竪穴などのように短軸中央部に認められる場合や、粘土貼床の開口部にある場合もあるが、通常は住居の最奥部にある。したがって骨塚側が最も重要な位置を占めていたことが理解できる。

骨塚はクマ、シカ、キツネ、タヌキなどおもに陸獣動物で構成されているが、地域による序列構成が指摘されている。クマが最高位に位置づけられることは遺存体数や彫刻品から明らかであり、常呂川河口遺跡一五竪穴では四二個体、トコロチャシ跡遺跡七号竪穴では実に一〇〇個体におよんでいる。

そのトコロチャシ跡遺跡七号竪穴には祭壇を思わせる木枠があり、栄浦第二遺跡二五号では祭壇を想起させる柱穴が方形に配列されているので、動物群の祭壇安置が推測できる。竪穴内部は作業と起居の場所、そして骨塚を安置する祭祀空間が明確に分離していたとみられる。

さらに、栄浦第二遺跡などでもみられたが、石鏃が骨塚側から集中して発見される。羅臼町松法川北岸遺跡一三号竪穴でも矢筒に収納された状態で出土しているので、骨塚を頂点に目的・用途に応じた厳格な規制があったのであろう。

骨塚に時期の異なる土器を安置する「土器送り」も見逃せない。栄浦第二遺跡二三号は縄文中期北筒式、常呂川河口遺跡一四号は続縄文後北C_1式、トコロチャシ跡七号は続縄文後北C_2・D式などがあり、アイヌの物送り儀礼に関連すると指摘されている。

多用されたシラカバ樹皮

オホーツク人は住居構築に多量のシラカバ樹皮を用いていた。深く地面を掘るため、壁が崩れ

図52　屋根材に使用したシラカバ樹皮

ない土留めが必要である。トコロチャシ跡遺跡七号竪穴では、丸太材を半割して並べ板壁とし、地面との接地面にシラカバ樹皮をあてている。一本と思われていた主柱も直径一〇センチほどの三本をシラカバ樹皮で巻きつけ一本の柱としていた。常呂川河口遺跡一五号では倒れた板壁の上から長さ五〇センチ、幅三〇センチのシラカバ樹皮も出土した（図52）。この樹皮は屋根材と考えられ、木釘が水平に打ち込まれていた。シラカバは本州では高い山に見られるが、北海道では陽あたりのよい平地によく見かけられるので、当時も周辺に自生していたのであろう。シラカバは防腐効果があり、湿気などによる腐食を防ぐため最も重要な箇所に多用している。

　樹種も選択している。板壁には木理が直通であるため割りやすい針葉樹のイチイやモミ属を多く用い、硬いナラ材を骨組に使用している。シラカバ樹皮の利用は北見枝幸町ウバトマナイ遺跡、羅臼町相泊《あいどまり》遺跡にもあり、樹種の選択は普遍的だったとみられる。

（四）拡大家族の復元—焼失した大型住居を例に

オホーツク文化の竪穴は大型であるため、多人数の複数家族が同居していたと考えられてきたが、それを実証することはむずかしい。考古学は「物」を対象として生活・文化の実態に迫るわけである。研究者は警察の鑑識に似て複数の物的証拠から原位置のまま数百年間埋もれていた「物」から因果関係を追及するのである。その「物」も一、二点ではなく各種の道具が複数あり、しかも一定のパターンをもって現れた場合は別の解釈を必要とする。土器、石器、骨角器、鉄器、木製品は個人もしくは家族の所有物と判断できる。一・二点ではみえてこなかった複数家族の居住証拠を、具体的な資料をもって提示したのが常呂川河口遺跡一五号である。

竪穴の規模は長軸一四・三《メートル》、短軸一〇《メートル》におよぶ大型の六角形である。「コ」字状に貼られた粘土の床は火災により赤変していた。貼床は三〜四《センチ》の厚さをもち、移植コテで叩くと撥ね返るほど硬質化していた（図53）。発泡スチロール化した黒曜石もあり、相当の火力で焼失したことがうかがえた。各種の生活遺物は貼床と壁の間、つまり居住空間・起居の場から出土した。

複数家族の存在を裏づけるのが一定のまとまりをもって出土した土器である。大型・中型・小型の土器は偏在せず、石器・骨角器・木製品など生活道具と共伴した。この出土状況は、大型・中型・小型の土器と各種の生活道具のある区域が単なる居住空間でなく核家族の占有空間であること

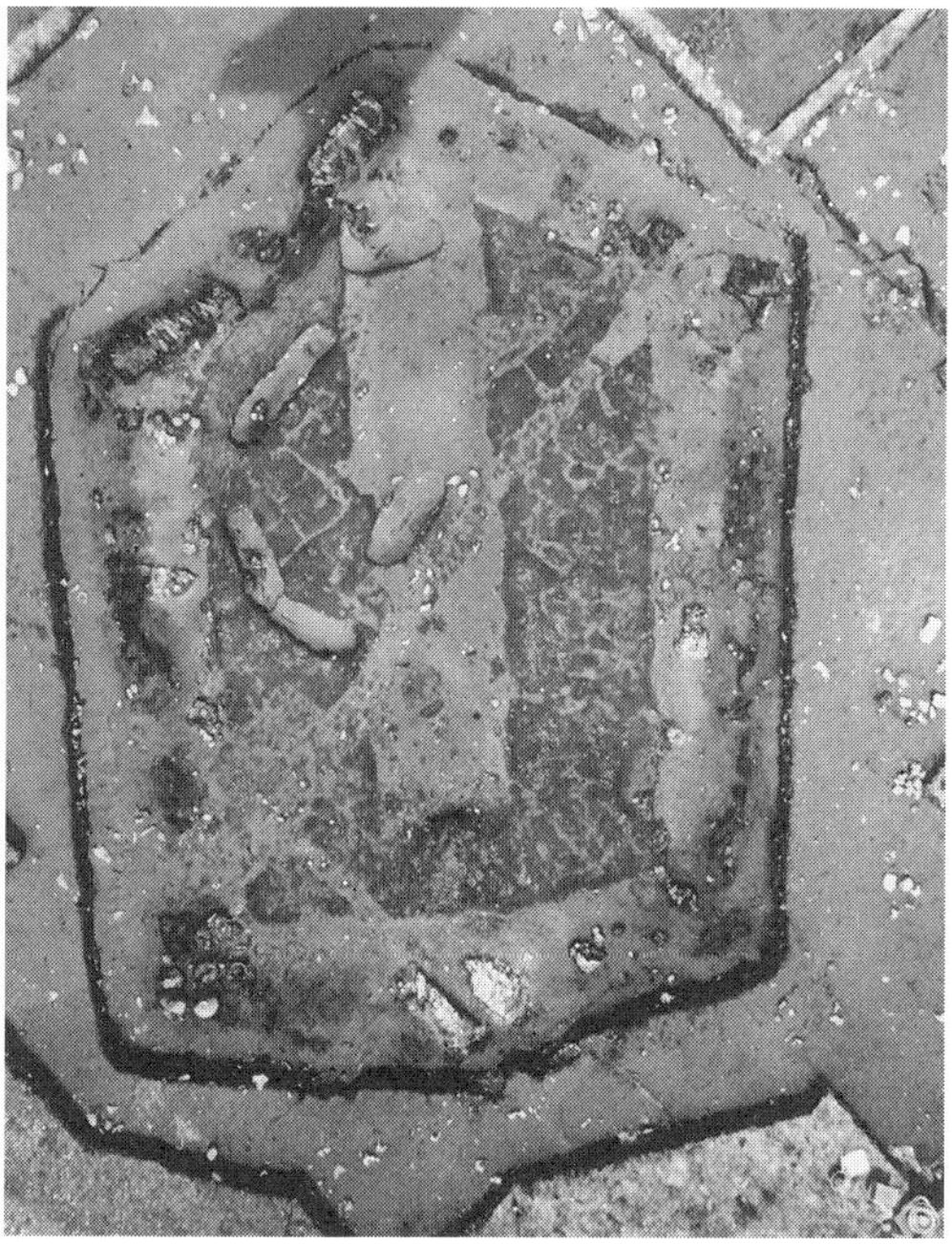

図53　常呂川河口遺跡15号竪穴

を想起させた。

　各種遺物のまとまりは、骨塚側を頂点にⅠ〜Ⅶの七領域に分離することができた。骨塚を起点として時計まわりに配置をみてみよう（図54）。

　Ⅰ域——住居の最奥部にある骨塚の区域である。骨塚は成獣を主体とした四二個体のクマを筆頭に、テン、シカ、キツネ、タヌキがあり、骨塚の前面の直径四〇センチ、深さ三三センチのピットから一〇個体のキツネ頭部が出土するなど中小陸獣で構成されている。

　骨塚前面からは、頭をやや下に向け居眠りする状況のクマ彫像（図55—1）や、丸彫りと思われる正面を向いた彫像（図55—2）などが五点出土している。五点とも頭部が破壊されたようであり、儀礼行為の一端をみることができる。板状を呈した厚さ二ミリほどの用途不明の青銅製品三（図55—3〜5）が共伴している。主柱穴から出土した長さ一三センチの平柄鉄斧（図55—6）は大陸製品である。他に刀子二、針一、不明鉄製品一、骨鏃七、石鏃一三、箸状木製品が加わる。

　また、骨塚の右側には他の領域にない口径

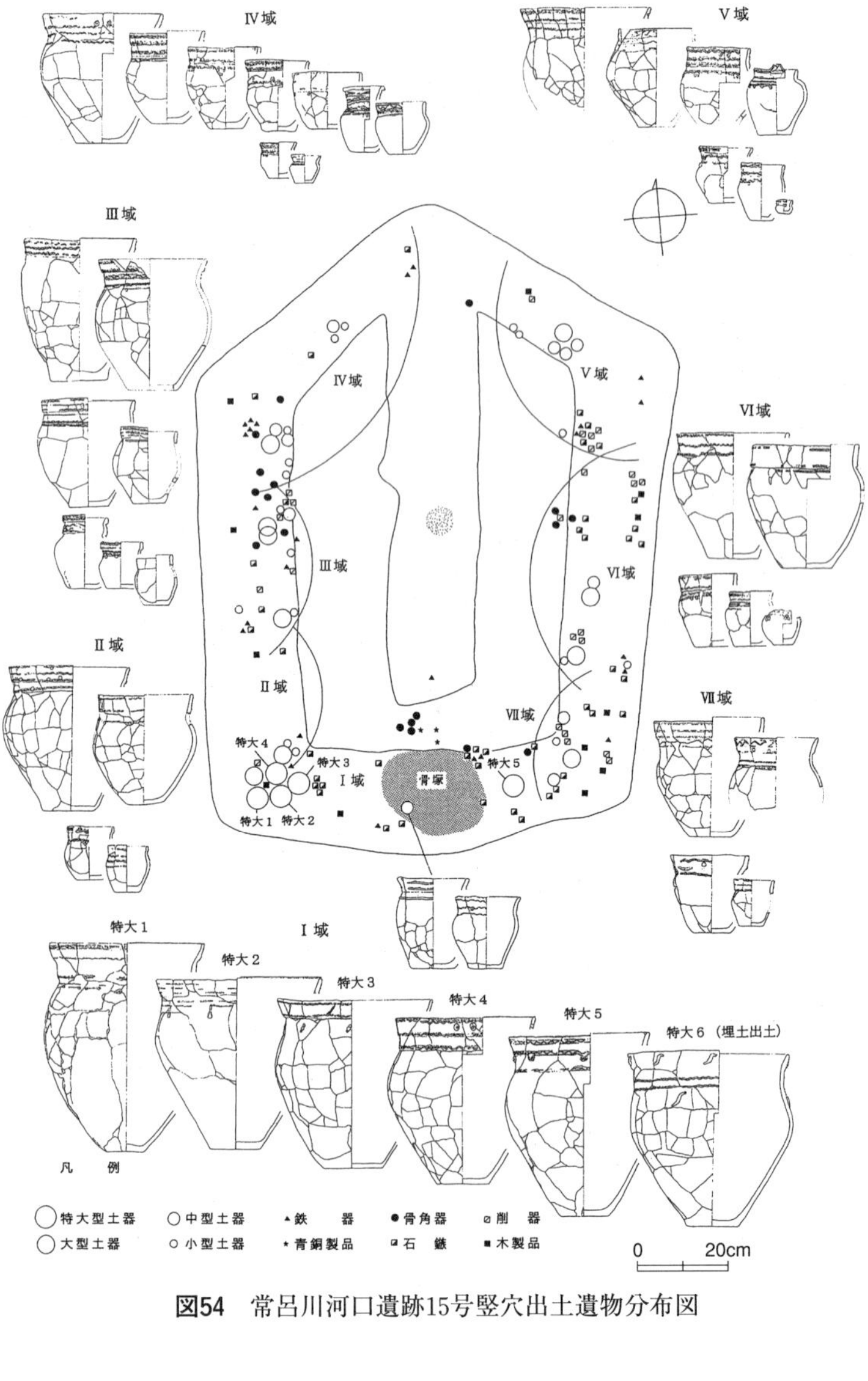

図54　常呂川河口遺跡15号竪穴出土遺物分布図

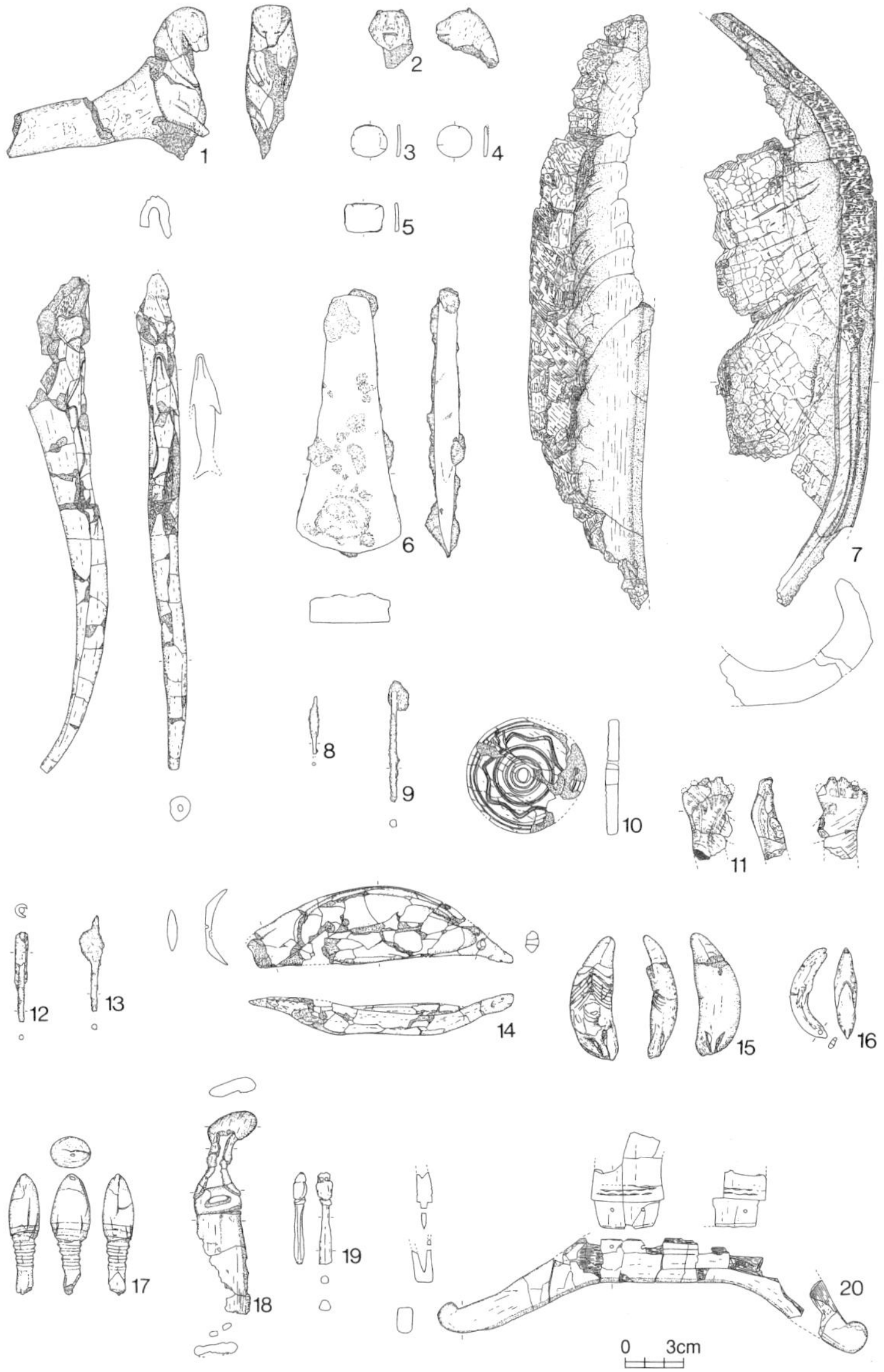

図55　常呂川河口遺跡15号竪穴出土遺物

図56　骨塚側で伏せられていた特大土器

三〇センチ、器高三五センチ以上の特大土器四と中型土器一が伏せた状態で置かれていた（図56）。栄浦第二遺跡二三号の骨塚上部にも口径三八センチ、器高四〇センチの特大土器があり、同二五号も入れ子状の五点が骨塚上部に直接安置されていたが、このような特大土器は骨塚側にあり、大型・中型・小型土器にはない動物意匠・記号状の文様が貼付されていることから特殊な機能をもつものであり、枝幸《えさし》町目《ちょうめ》梨泊《なしどまり》遺跡第四号竪穴では、この区域からオオムギ、キビ、アワが集中してみられることから、穀物貯蔵も考えられている。羅臼町松法川北岸遺跡では大型木製品がこの区域から出土することも報告されている。いずれにしても骨塚側が大型遺物を配置する特殊な領域であったことは明らかである。

　Ⅱ域――ややまとまりに欠けるが、大型土器二、小型土器二があり、刀子一、不明鉄製品一、石鏃二、削器一、木製品の盆状容器一（図55―7）は二重に縁取られている。

Ⅲ域――各種製品が比較的まとまりをみせる。大型土器三、中型土器二、小型土器二がある。針二（図55―8・9）は、鳥管骨に収納された状態で出土したので針入れとしたことがわかる。刀子一、不明鉄製品二、帯留めである鯨骨製のクックルケシ一（図55―10）、銛先一、骨篦一、骨鏃三、石鏃四、削器五、クマ掌部木製品（図55―11）、用途不明一がある。

Ⅳ域――Ⅲ域同様に各種製品が出土した。大型土器一、中型土器三、小型土器五と刀子二、針二（図55―12・13）、不明鉄製品三、クックルケシ二、銛先三、骨鏃三、鯨骨製の長さ一九センチの骨斧一（図55―3）、石鏃三、木製品一がある。

この竪穴には認められなかったが、最奥部の骨塚の反対側にあたるこの区域にも、しばしば骨塚が形成されることがあるので、陸獣で構成される骨塚の反対側であるこの区域から海獣意匠の彫像品がまとまって出土したことは注目される（図57）。つまみ部分に海獣頭部を表現した長さ一四センチのスプーン（図55―14）内に、長さ六・二センチ、クマ犬歯を素材としたラッコ彫像（図55―15・口絵1頁）が載る状態で出土した。腹部の皺や胸部で手を組む仕草など、ラッコの特徴をみごとに表現した逸品であり、クマ彫像同様にオホーツク人の芸術的感性を垣間みることができる。

なお、このような彫刻品の展示資料を解説する際、見学者からなぜオホーツク人は動物の彫刻を制作したのかという質問が提起されることがよくある。オホーツク人は気まぐれに彫刻するのではなく、ひとつひとつに意味がある。ラッコ彫像の場合、毛皮獲得のための犠牲になったことに対する哀悼の念の表れだと説明している。骨塚にみら

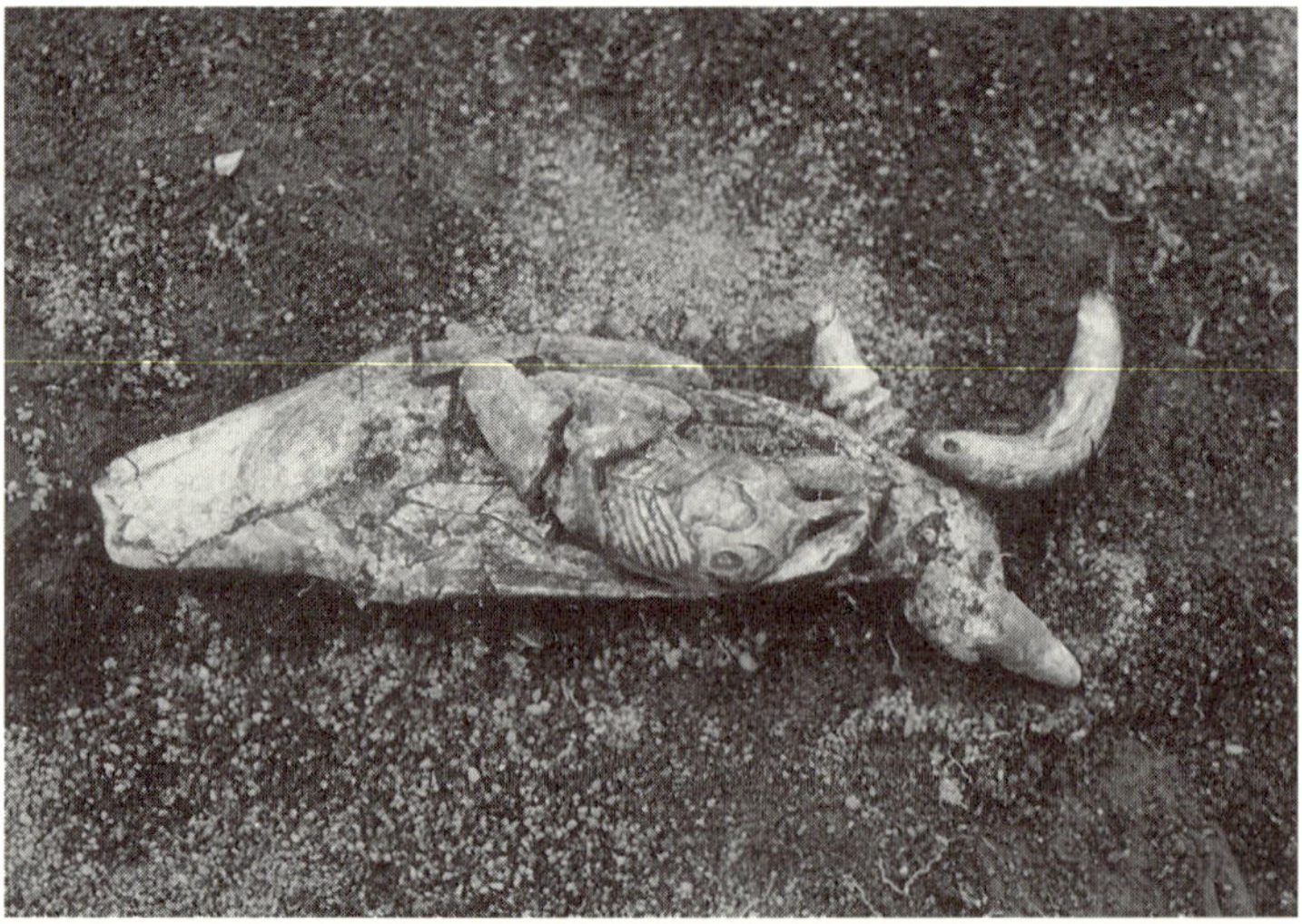

図57　海獣意匠の彫像品出土状況

れるとおり、陸獣のほか、海獣も彫像という姿をとおして信仰・精神上の対象とされていたのであろう。

近接してオットセイ彫像（図55―16）、クジラ頭部とクマ掌部を彫ったコルク状骨角器（図55―17）、木製品の樹皮状容器と吊り手が出土するなど、Ⅰ域を除く最も特徴的な区域である。

Ⅴ域――大型土器一、中型土器三、小型土器三の土器群と刀子四、石鏃四、削器四、木製品は皿状一で構成される。

Ⅵ域――大型土器二、中型土器一、小土器二と刀子二、石鏃七、削器八、木製品は皿、毛抜形太刀の柄部（図55―18）を想起させる用途不明製品がある。

Ⅶ域――大型土器一、中型土器二、小型土器一、不明鉄製品一、石鏃九、削器五、木製品は椀、浅皿、刺突具、フクロウを彫刻した箸状製品

（図55―19）がある。衣文掛け状木製品（図55―20）は両端部が蕨手状の丸みをもち、胴部の二個のスリットには二枚の小板が挿入されるしくみである。本体と波状の刻線をもつ小板が固定されていたことが目釘穴から推測できる。曲線的な形状と着脱可能な製品を仕上げる木工技術は、彫刻技術とともに高水準である。

　このように、この竪穴は土器の器種構成や各種遺物のまとまり状況から、少なくとも七域に区分できる。祭祀・儀礼の場である骨塚のⅠ域を除く六域が家族空間と推測できる。

　居住面積と居住人口の一人あたりの起臥面積を三平方《メートル》とした関根公式から算出すると、祭祀・儀礼の骨塚があるⅠ域を除く面積は五四三平方《メートル》となり、一八人前後が居住し、一家族三人と推測できる。起臥面積を二〜三平方《メートル》とする大井晴男にしたがえば、最高で二七人、一家族四〜五人となる。

（五）オホーツク文化の墓

一九四七（昭和二十二）年に開始された網走市モヨロ貝塚の調査によって、他の文化にみられない異質な埋葬形態が明らかになった。高畠孝宗は、時間的には木槨墓、被甕墓、配石墓へと変遷するとし、埋葬姿勢や頭位など墓制は、網走、知床・根室、礼文、目梨泊などで地域差があるとしている。なかでも特徴的なのが被甕墓である。

　オホーツク文化の墓域は住居に近接しており、同時併存する集落と墓の位置関係をつかむことは、社会構造、宗教観・精神観解明の糸口となる。トコロチャシ跡遺跡オホーツク地点と常呂川河口遺跡では、それぞれ貼付文期の二基を調査している。いずれも竪穴から一五〜二〇《メートル》の位置にある。栄浦第二遺跡から貼付文期五基と擬縄貼付

図58　オホーツク文化被甕葬法（絵：富田恵子）

文期五基と沈線文期二基の一二基を調査しているが、全例とも北西頭位の被甕葬法であり、配石墓も二基認められた。

栄浦第二遺跡のオホーツク墓である被甕墓、配石墓は次のようであった。

被甕葬

極端なまでに手足を折り曲げた仰臥屈葬と、北西の方角に向けた頭部に土器を逆さまに被せた被甕葬法はこの文化独特のものである（図58）。

土器を被せる理由について、枝幸町目梨泊遺跡では墓壙上部に底部が表出することから、墓標の機能が指摘されている。検出状況からその可能性はあるが、住居内の骨塚形成と祭祀儀礼など高い精神観は墓制に反映されるわけであり、仰臥屈葬と頭部を覆い隠す行為は霊魂を封じ込めるという共通点が見出せる。基本的には頭部に被せることが目的だったと思われる。

大人の墓

栄浦第二遺跡二九号墓は、長軸一・五六メートル、短軸〇・九六メートルの楕円形であり、深さは確認面から三五センチである。内部に頭蓋骨と四肢骨の一部が認められ、西頭位の頭部に

図59　栄浦第二遺跡30号墓

大型土器が被せられている。埋葬姿勢は仰臥屈葬である。胸部付近に長さ一四・五センチの鉄製刀子が副葬されている。大型土器には沈線文と擬縄貼付文が施されており、時期は約八世紀、藤本編年c群に比定される。歯冠の大きさから被葬者は成人男性と推定されている。

また、栄浦第二遺跡三〇号墓は、長軸一・四〇メートル、短軸〇・八〇メートルの楕円形である。表土下層に九〇センチほど厚く堆積する暗褐色砂は、近接する二三号竪穴構築時の排土であり、新旧関係を確認することができた（図59）。この暗褐色砂を剥土すると、掘り込み面を検出することができた。深さは四五センチである。二九号墓より人骨の遺存はよく、前頭骨、左右頭頂骨、後頭骨など頭蓋骨と、右橈骨《とうこつ》、左尺骨、左大腿骨など四肢骨がみられた。西頭位の頭部に擬縄貼付文の大型壺形土器を被せ、肩部あたりに長さ一三・五センチほどの鉄製刀

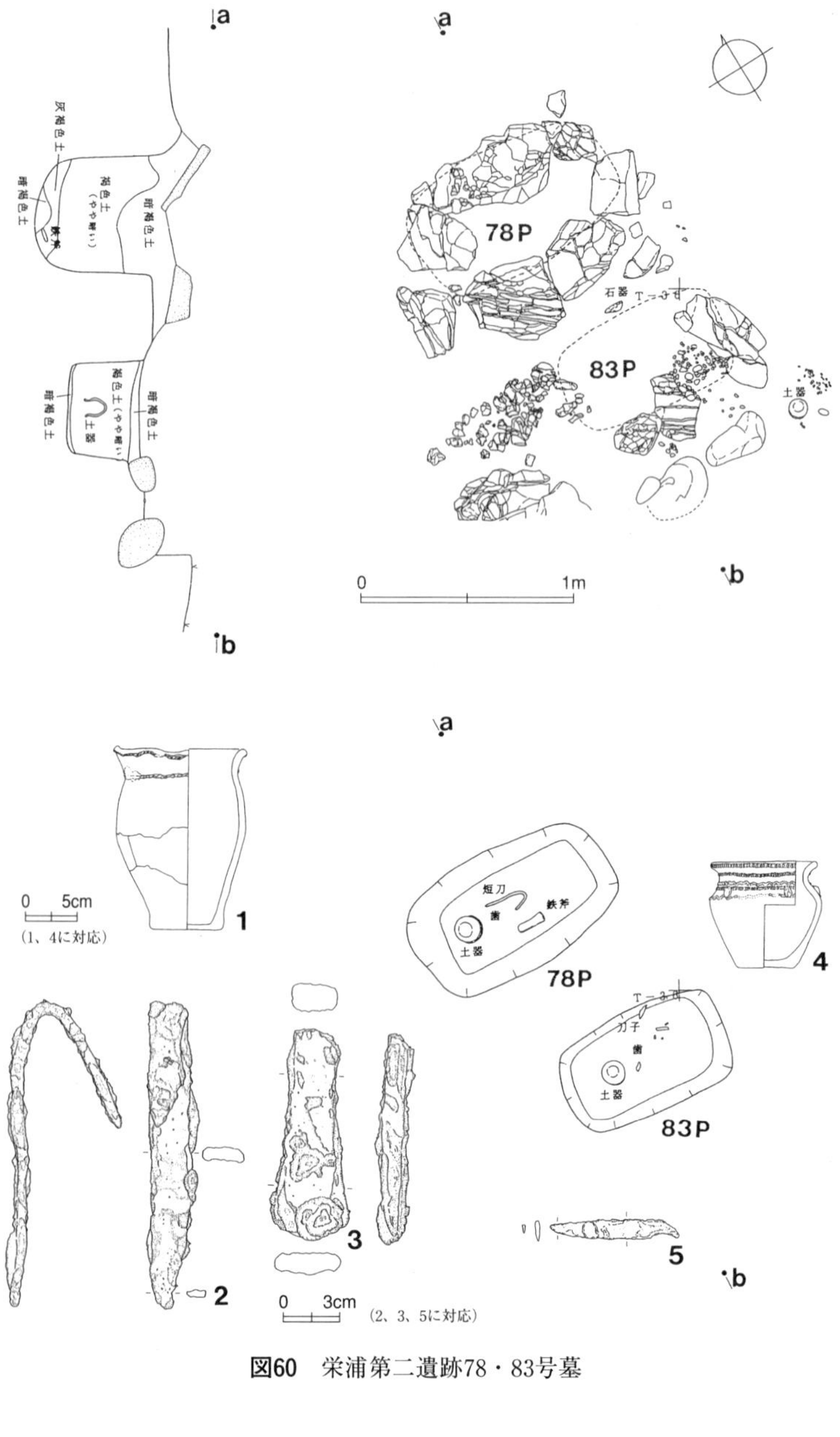

図60　栄浦第二遺跡78・83号墓

図61　栄浦第二遺跡78号墓遺物出土状況

子が副葬されている。被葬者は壮年男性と報告されている。

子供の墓

栄浦第二遺跡七八号墓は、長軸〇・九七メートル、短軸〇・六〇メートルの長方形を呈し、上部に直径三五〜四〇センチほどの大型角礫七点が墓の輪郭に沿う配石墓である（図60）。深さは六五センチ。暗褐色を呈した遺存体の頭部に小型土器（図60―1）が被せられ、その直下から歯骨が検出された。頭部に直接小型土器を置いたことは明らかである。西頭位の屈葬と思われる。胸部には二八センチほどの鉄製短刀（図60―2）が曲げられた状態であり、やや離れて長さ一三センチの平柄鉄斧（図60―3）が副葬されていた（図61）。歯骨の分析では四歳から六歳の子供である。時期は八世紀、擬縄貼付文期に比定される。

七八号墓と並列するのが八三号墓である。規模は長軸〇・八〇メートル、短軸〇・四八メートルの長方形であ

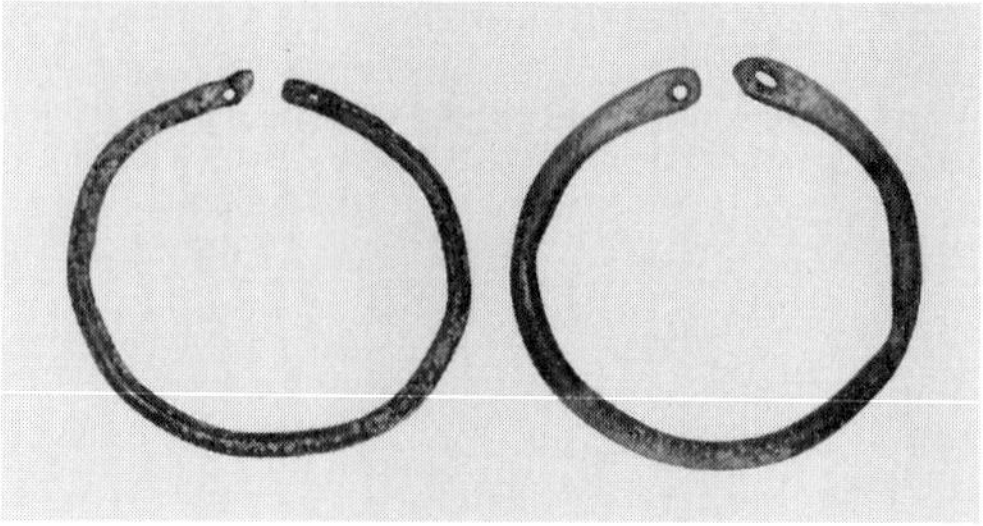

図62　銀製耳飾り

り、深さは三三チ《セン》である。直径二〇～三〇チ《セン》ほどの大型角礫が南側に配置されるが全周しない。配石内部と外周部に一～二チ《セン》ほどの小砂利が多量に散布されている。頭部に小型土器（図60―4）が被せられ、近くから歯骨が検出された。西頭位の屈葬であろう。長さ八・五チ《セン》ほどの鉄製刀子（図60―5）が副葬される。時期は八世紀、擬縄貼付文期に比定される。

　このように、子供の墓は頭部に小型土器を直接被せることや大型角礫を配石するなど手厚く構築されている。子供の墓の場合も大人の墓とおなじ鉄製品が副葬されており、子供も成人同様の扱いを受け、社会集団の重要な一員であったことがわかる。

　副葬品も成人男性は骨角器・鉄器・石鏃など狩猟具、女性は装身具がみられるなど性差によって異なる。アムール河流域の靺鞨文化や沿海州の女真文化にもみられる純度九〇％の銀と〇・五％の金を含有する耳飾り（図62）が出土した栄浦第二遺跡の二号墓と八八号墓も女性墓とみられる。

　七八号墓と八三号墓の発掘区内の礫群は、史跡指定地内にむかって広がりを見せるようである。礼文町浜中2遺跡では乳幼児の墓域が存在するので、栄浦第二遺跡でも配石墓による子供の墓域が集中すると予想される。

　頭蓋計測値や頭蓋形態小変異の分析をもとに近隣北方集団との比較研究を行った石田肇は、オホーツク人はサハリン、アムール川河口周辺の民族に類似するが、アイヌ的特徴をもつ例もあることから、相互に影響を与えていたと指摘している。

トコロチャシ跡遺跡の墓

トコロチャシ跡遺跡は一一軒の竪穴があり、南側で次に述べる二基の墓が調査され、かつて竪穴群の西側斜面でも鉄鉾をもつ墓が確認されている。東側の状況は不明であるが、竪穴群の周辺に墓群をもつことは明らかであり、今後の調査の進展を期待するものである。

まずトコロチャシ跡遺跡一号墓であるが、遺構上部は耕作により破壊され、被甕の土器も底部が欠失する。規模は長軸一・二六《メートル》、短軸〇・七八《メートル》の長方形で、深さは三五《センチ》である。西側に深さ二五《センチ》ほどの半円状の付帯施設をもち、被甕の下部に小ピットがある。

西壁に並行して四六《センチ》ほどの直刀が副葬される。土器に近接して鉄片も出土した。歯骨の位置から判断して南頭位であろう。時期は藤本編年d群に比定される。

トコロチャシ跡遺跡二号墓は、一号墓の北側に位置する。耕作による破壊がいちじるしく、土器は口縁部の一部がかろうじて残存する。長軸一〇五《センチ》、短軸五五《センチ》の長方形で、深さは一四《センチ》である。西壁際から刀子一本出土。土器の位置から南頭位と推測できる。時期は藤本編年e群に比定される。

（六）オホーツク文化の変容

勢力を維持してきたオホーツク文化も、藤本編年e群からしだいに弱体化する。このことは、栄浦第二遺跡一二号竪穴の骨塚縮小、さらにトコロチャシ跡オホーツク地点での藤本編年d群の大型竪穴である七号、九号、一〇号竪穴と藤本編年e

群の小型竪穴構築の切り合い関係から、三期にわたる竪穴の縮小化が明らかである。

オホーツク文化の終焉は、擦文文化の影響によると考えられ、勢力を拡大する擦文文化は脅威であったろうし、八世紀の平安海進期とされる温暖化と九世紀末の寒冷化といった自然環境の変化など、外的要因が海洋適応民族の行動半径を狭めたとみられる。竪穴の縮小化は拡大家族の崩壊を意味するわけであるが、それに連動した骨塚の縮小など、クマを頂点とした祭祀儀礼の喪失も衰退の内的要因として考えてみたい。

みてきたとおりオホーツク人にとって住居内の骨塚は聖なる空間であり、骨塚儀礼は家族、地域集団間の紐帯的側面も担っていた。しかし、筆頭格であるクマの入手が困難な場合は、骨塚の祭祀は成立しなかったのではないか。最近、ヒグマ頭骨のDNA分析の結果、礼文島香深井A遺跡では子グマの半数以上が道南の支笏湖周辺の個体であることが判明している。本来、礼文島にヒグマは生息しないため取り寄せているほどである。

ここで問題になるのが骨塚から検出されるクマの頭数である。当時の常呂周辺地域の生息数は不明であるが、広範囲なテリトリーをもち、しかも相互のテリトリー間は隣接しないというクマの生態を考えた場合、この地域の頭数は限定される。常呂地域で五～六頭前後であり、その成獣が捕獲されれば新たなクマがテリトリーを形成するまで無生息地帯になったであろう。クマの出産は一般に二～三年に一度の割合であり、出産頭数は二頭が最も多く、次に一頭とされる。受胎は四歳から二〇歳まで可能とされるので、多く見積もって生涯の出産は一五頭前後となる。この地域に五頭生息していたとしても最大で七〇前後である。それに対して竪穴の骨塚にみられるクマ頭数は、常呂川河口遺跡一五号竪穴で幼獣三、若獣三、成獣四〇個体。トコロチャシ七号竪穴は一〇〇頭以上である。栄浦第二遺跡四号竪穴骨塚は一頭分。同七号竪穴骨塚は一〇頭分。同八号竪穴は一三〜一六頭分。同一一号竪穴は六〜八頭分となり、最大で総計一八一頭となる。これに現在集計中であるトコロチャシ八号・九号・一〇号竪穴分や常呂遺跡群にある未発掘の竪穴も加味すると、さらに数百頭は増加するであろう。

常呂川河口遺跡一五号竪穴、栄浦第二遺跡七号では三歳未満の幼獣骨も検出されているので、このなかには飼育によるクマも含まれよう。乱獲とまではいかないまでも、狭い常呂地域におけるクマ捕獲と他地域からのもち込みもすでに限界にあったのではないか。この時期すでに骨塚祭祀を成り立たせるだけのクマが存在していたか疑問である。

藤本編年e群を境に、陸神であるクマの入手が困難になり骨塚の縮小化が進み、加えて気温の変化により一方の海神シャチ（クジラ）の生態系にも影響を及ぼしたであろう。「二分制の神観念」の精神的支柱であるクマ・シャチ（クジラ）の喪失が、同一血縁集団の崩壊を早めたのであり、骨塚祭祀にかかわる内外的要因が複雑に絡みあい、オホーツク文化は衰退していったと思われる。

3 トビニタイ文化

この文化は、海獣狩猟主体で外来文化のオホーツク文化と、河川漁労主体で北海道土着の擦文文化との融合文化である。遺跡は網走・斜里・知床から釧路・根室地方にあり、常呂はその最北端に位置する。海岸部からしだいに内陸部へ拡散する傾向を示し、擦文集落と同様の川筋に面した河岸段丘に集落が形成される。融合・接触の過程は土器文様や竪穴形態に現れている。

羅臼町トビニタイ遺跡出土土器を標識とするトビニタイ土器は、擦文土器の器形にソーメン状貼付文を施したもので、トビニタイⅡ式（十世紀）、トビニタイⅠ式（十三世紀）、中間グループ（十一から十二世紀）に編年される。

竪穴の平面形は擦文文化の影響を受け方形を基本とする。カマドをもたず、中央部にオホーツク文化にみられた石囲み炉を配置するものの、骨塚は完全に消失する。常呂遺跡群におけるトビニタイ文化の竪穴は、常呂川河口遺跡、トコロチャシ南尾根遺跡の二遺跡から発見されている。とくに常呂川河口遺跡検出の竪穴をみると、複雑な質的変容を遂げたことが推察できる。

常呂川河口遺跡一三七号竪穴（図63―3）は、摩周b火山灰（BP一〇〇〇年前降灰）を切って構築されている。規模は長軸五・九メートル、短軸五メートルで、東西方向にやや長い長方形を呈する。掘り込みは浅く二五～三五センチ。中央部に一・四メートル、八〇センチの長方形の石囲み炉をもつ、典型的なトビニタイ文化期の竪穴である。主柱穴は壁側にあるが規則性はない。焼失住居である。床面から出土したのは擦文期の杯形土器（図63―4）であり、近接する発掘区にトビニタイⅡ式（図63―5）がみられたものの、両土器にみられる山形文様はその影響関係を物語っている。

常呂川河口遺跡四六号竪穴（図63―6）は、擦文文化期の竪穴に通常みられない石囲み炉をもつ。同一〇一号竪穴は平面形態が一風変わっている。後世の撹乱をうけ遺存状態はよくないが、西壁は胴張り状、鋭角状を呈した東壁にカマドをもつ。あたかもオホーツク文化の竪穴にみられる五角形のようである（図63―7）。規模は長軸・短

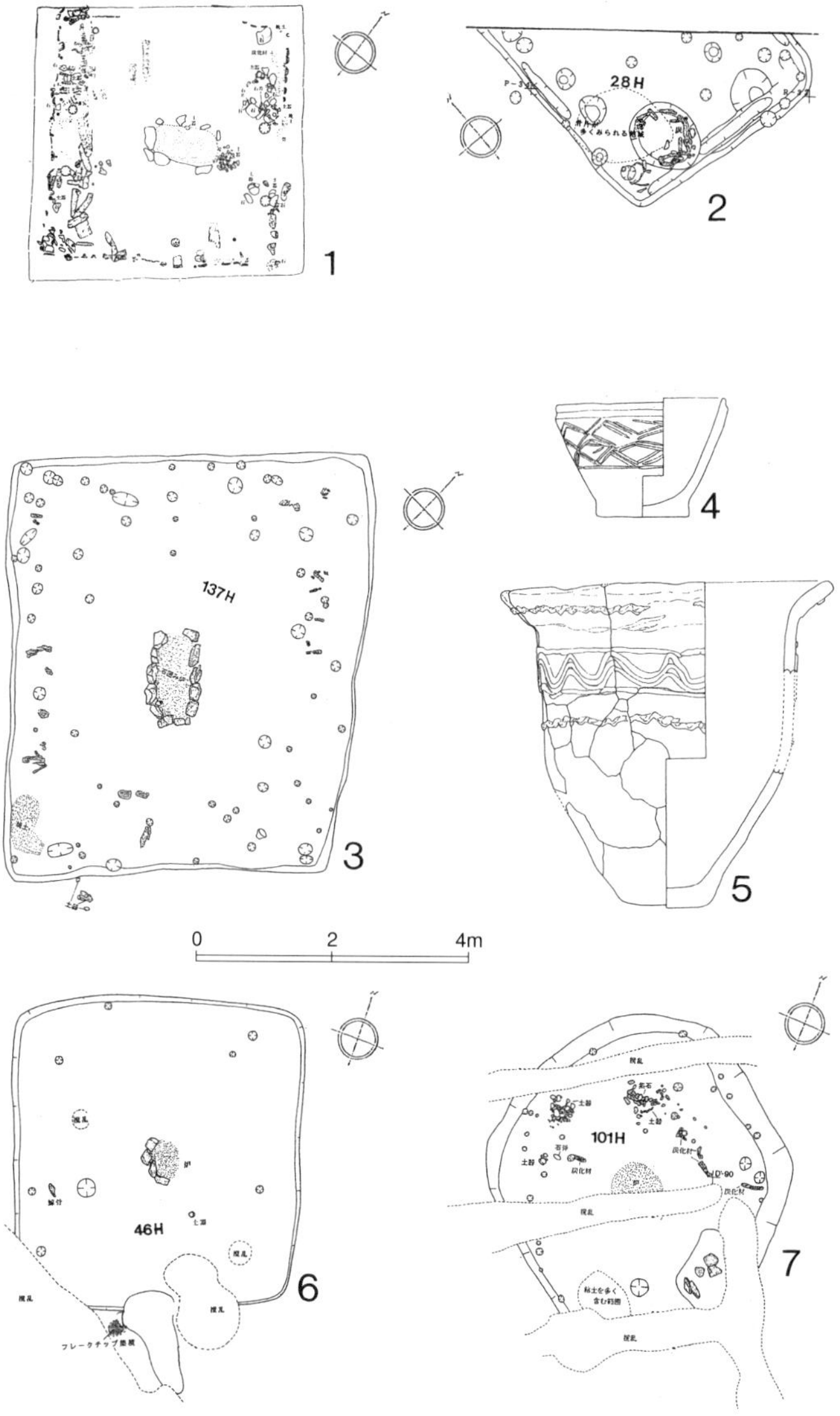

図63　オホーツク文化終末期の竪穴（1・2）、トビニタイ住居（3）と出土土器（4・5）、変容した擦文住居（6・7）

軸が四㍍で中央部に炉をもつ。主柱穴は四本もつと思われるが、やや不規則である。このような平面形の変異は土器のほかに建物にも現れたとみられる。

　オホーツク人は擦文人と接触するなかで同化していった。栄浦第二遺跡一二号竪穴（図63―1）や二八号竪穴（図63―2）は、小型化の傾向がうかがわれるオホーツク文化終末の藤本編年ｅ群の竪穴であるが、やがてそれを踏襲するように一三七号のような典型的な竪穴になった。擦文人との接触が強まるなかで、四六号竪穴や一〇一号竪穴に影響を残すこととなったのであろう。未報告であるが、常呂川河口遺跡一六八号住居はカマド内と床面からトビニタイ土器が出土しているので、完全に同居する形をとり同化していったと考えている。

Ⅷ　アイヌ文化の遺跡

北海道の考古学で区分する文化の一つがアイヌ文化であり、一般的に擦文文化が母体となって成立したと解釈されている。本州の中世・近世に相当する十四世紀～十九世紀頃までつづくが、その間、十四・十五世紀頃から十七世紀の二～三〇〇年間はミッシングリンクと称され、社会組織、宗教的観念、交易体制など謎が多い。それはこの文化が無文字文化であり、文献・記録の登場も十七世紀以降であることによる。

この謎を解く鍵が遺構としてのチャシ、送り場、墓であり、遺物としての内耳土器・内耳鉄鍋、キテ（銛先）などの生活道具である。このようなアイヌの物質文化を考古学的手法によって追求するのが「アイヌ考古学」であり、宇田川洋は「アイヌ考古学」を実践することで、十四・十五世紀頃の前期アイヌ文化（内耳土器文化・前期チャシ文化）、十六世紀頃の中期アイヌ文化（中期チャシ文化）、十七～十八世紀頃の後期アイヌ文化（後期チャシ文化）に区分している。この区分にもとづいて、常呂遺跡群におけるアイヌ文化関連の遺構・遺物をみてみることにする。

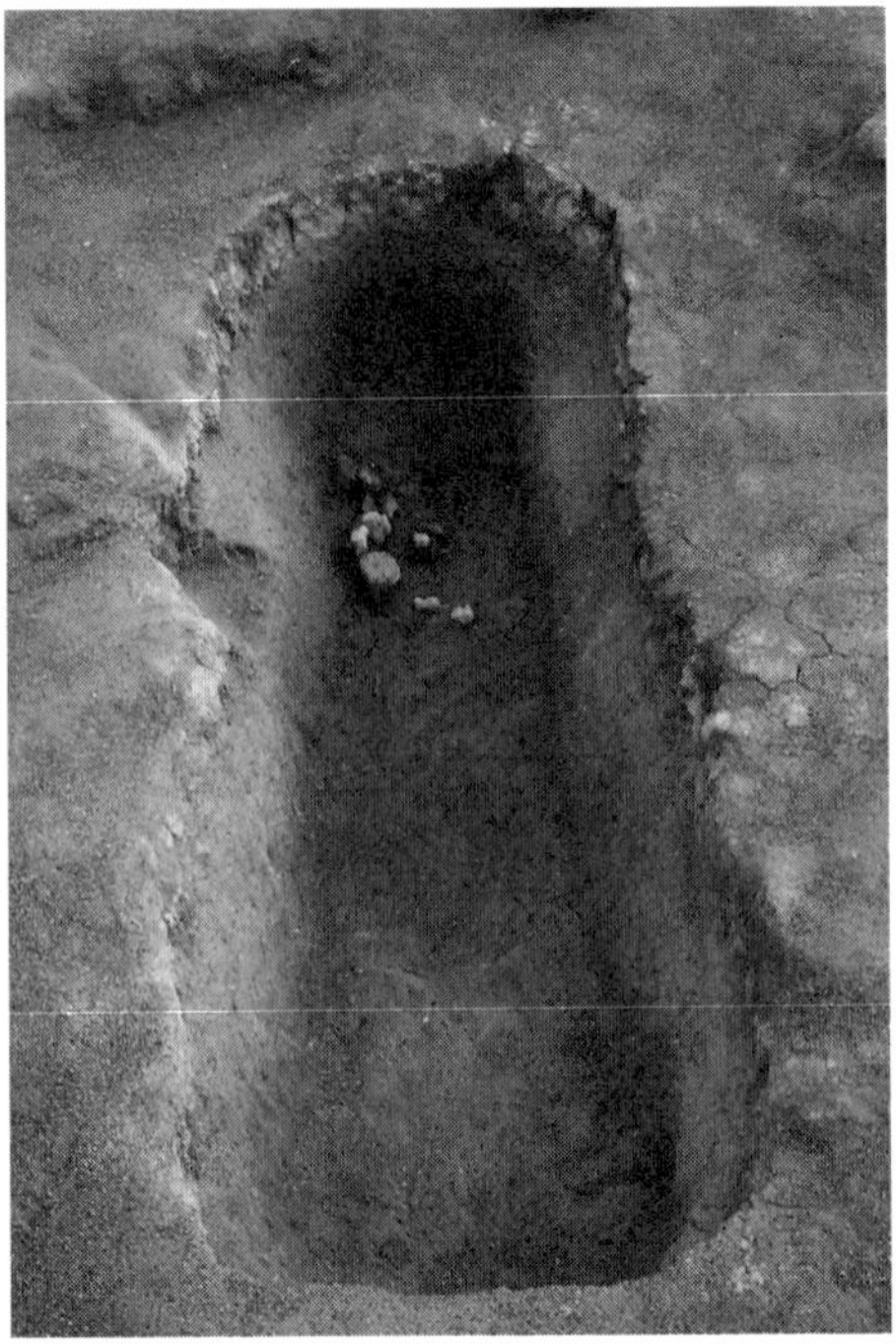

図64　ライトコロ川口遺跡のアイヌ墓

前期アイヌ文化の遺構・遺物

ライトコロ川口遺跡は、サロマ湖東岸に注ぐ標高二メートルほどの低地に位置し、一三軒の擦文期の竪穴で構成されている。擦文後期の一二号竪穴の中央部で発見された墓は十四・十五世紀に相当する（図64）。墓は竪穴埋土から切り込んで構築されており、長さ一・八メートル、幅〇・六メートル、深さ三五センチの隅丸長方形である。南壁端部から鉄製のコイル状垂飾一二点（図65―1～13）、ガラス玉七〇点（図65―14～39）、鐔一点（図65―40）、短刀一点（図65―41）がまとまって出土した。埋葬頭位は南西と推測されている。

コイル状垂飾の出土は、平取町二風谷《にぶたに》遺跡、余市町大川遺跡など四遺跡にとどまる稀少遺物である。同形態の資料は大陸方面にも類例はないが、サハリン、アムール川流域民族のシャーマンは金属がぶつかりあって音をだす金属製垂飾帯を使用するので、多量のカリウムを含有し、銅による発色を示すガラス玉とともに北方系の遺物と考えられている。内地系の短刀は平造り、角棟であり鍛えは雑である。宇田川洋によると、道内に中世相当のアイヌ墓は五遺跡

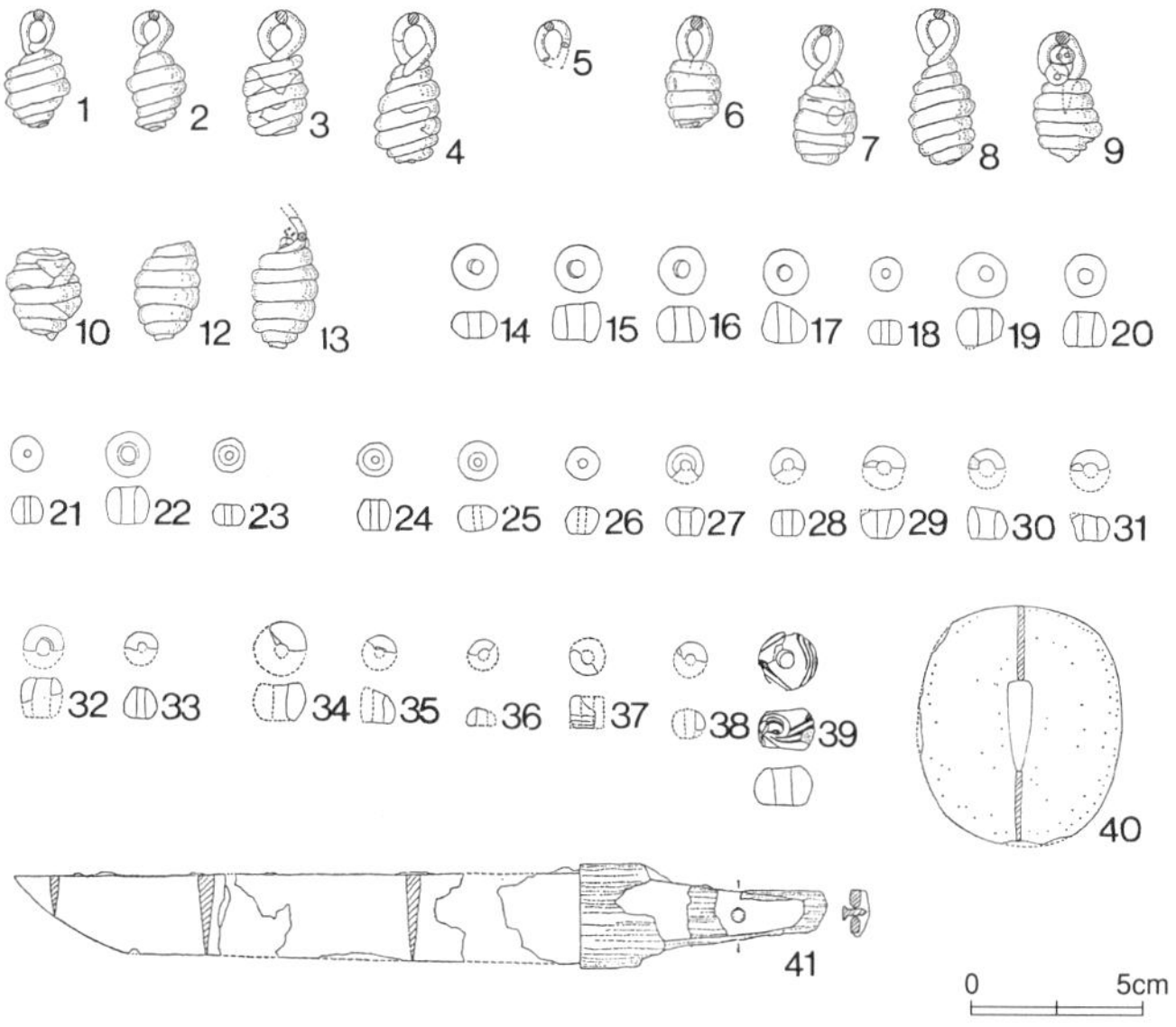

図65　ライトコロ川口遺跡アイヌ墓出土遺物

一四基あるとされ、近世アイヌの墓の形態、頭位はすでにこの時期に確立されていたとみられる。

さらに一一号竪穴上層遺構は、擦文後期の竪穴窪地を利用した送り場である。竪穴の北東壁上部から流れ込むように堆積した第三層下部の魚骨層は、六・八《メートル》～四・四《メートル》の広がりをもつ。一〇～一五《センチ》の層厚から魚類を主体として貝類・鳥類・哺乳類の動物遺存体が多量に検出された。また、送り儀礼の前儀式と理解されている痕跡は竪穴のほぼ中央部に位置するもので、魚骨層より若干低いレベルから、径一《メートル》前後、層厚二《センチ》ほどの焼土と、その下部に径一・八五～一・四〇《メートル》の灰褐色粘土面があり、やや離れてベンガラと魚骨の混土塊も認められている。

魚骨層からは、横耳式の内耳土器一点（図66―1）、マレク状鉄製品一点（図66―2）、前田潮分類のF群1類と同2類の銛先一七点（図66―5～

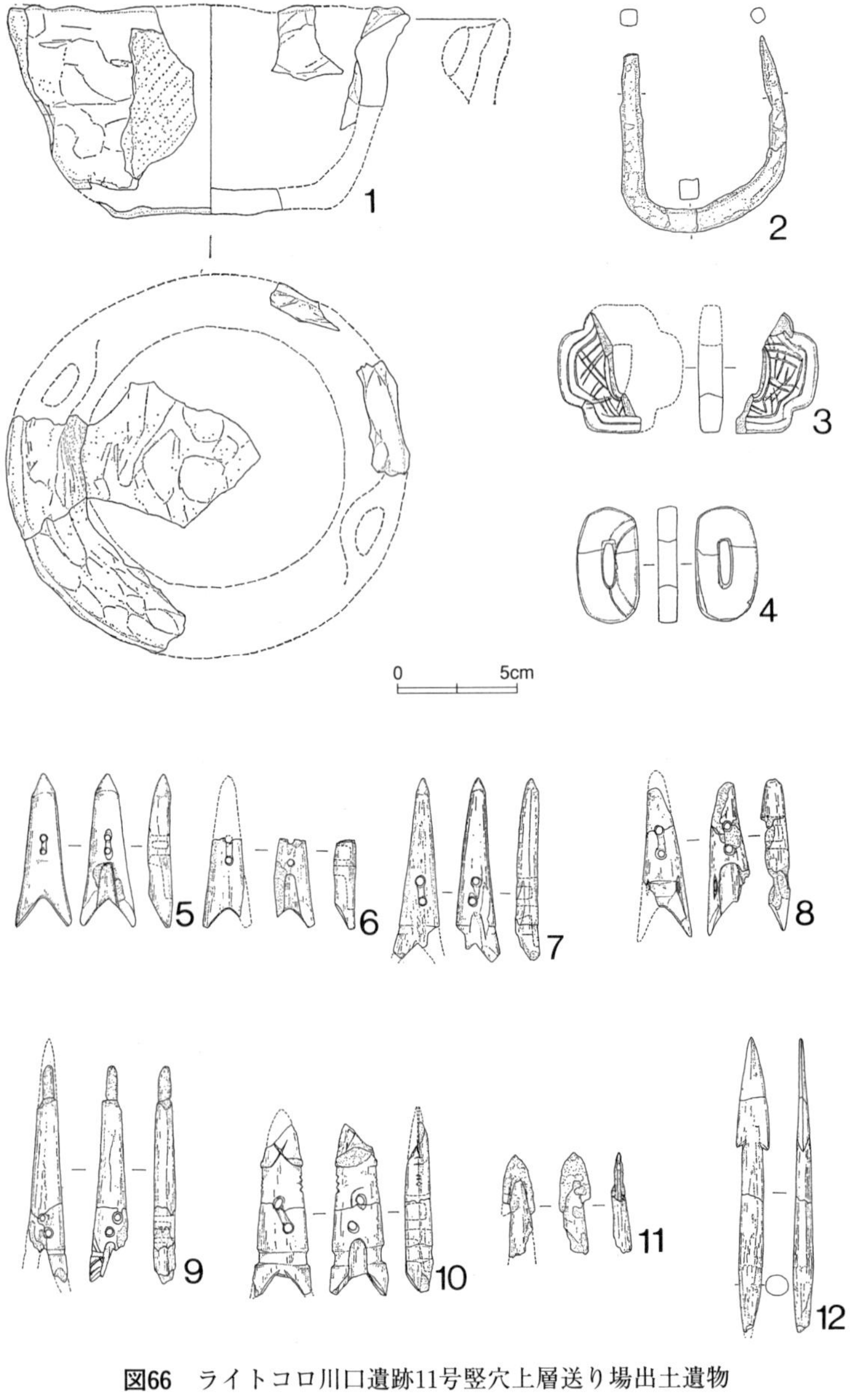

図66　ライトコロ川口遺跡11号竪穴上層送り場出土遺物

10)、刀の鍔状と責金具状の石製模造品二点（図66—3・4)、装着された鉄鏃（図66—11)、ヤス（図66—12)、小札三点、内耳鉄鍋破片が出土している。

ライトコロ川口遺跡は、一号竪穴埋土からも石製模造品一点、一〇号竪穴埋土にも同質素材の模造品が出土、七号竪穴からは縦耳式の内耳土器が出土するなど、北海道で数少ない中世相当のアイヌ文化期の遺跡であり、当該期の習俗研究にとって重要な遺跡となっている。

後期アイヌ文化のチャシ

聞き慣れない言葉であるが、このチャシこそアイヌ文化を代表する遺構である。北海道内に残るチャシコツ（チャシ跡）という地名がその存在を物語っている。チャシとはアイヌ語で砦・館・柵・柵囲いを意味し、また談判、祭式、見張り場所の機能をもつとされる。一般的には十六世紀～十八世紀の構築とされ、チャシ形態は立地によって丘先式・丘頂式・面崖式・孤島式・平地式に分けられている。

全道の分布状況は、石狩川、釧路川、十勝川など大河川流域や根室半島に多く、湖・沼の近くにもつくられるが、常呂川流域は少なく、トコロチャシ、端野町協和チャシ、北見市相内チャシが確認されているにとどまっている。

北海道に現存するチャシ跡は五五〇カ所、伝承・地名で残されている数を含めると七〇〇カ所におよぶとされるが、全面調査は一〇例に満たない。その一つがトコロチャシである。

トコロチャシ

常呂川河口から約四五〇メートル上流に位置する。標高約一八～一九メートルの河岸台地端部に、新旧二本の壕が「L」状に掘られた面崖式のチャシである（図67)。規模は南西・北東方向が約四五メートル、北西・南東方向が三

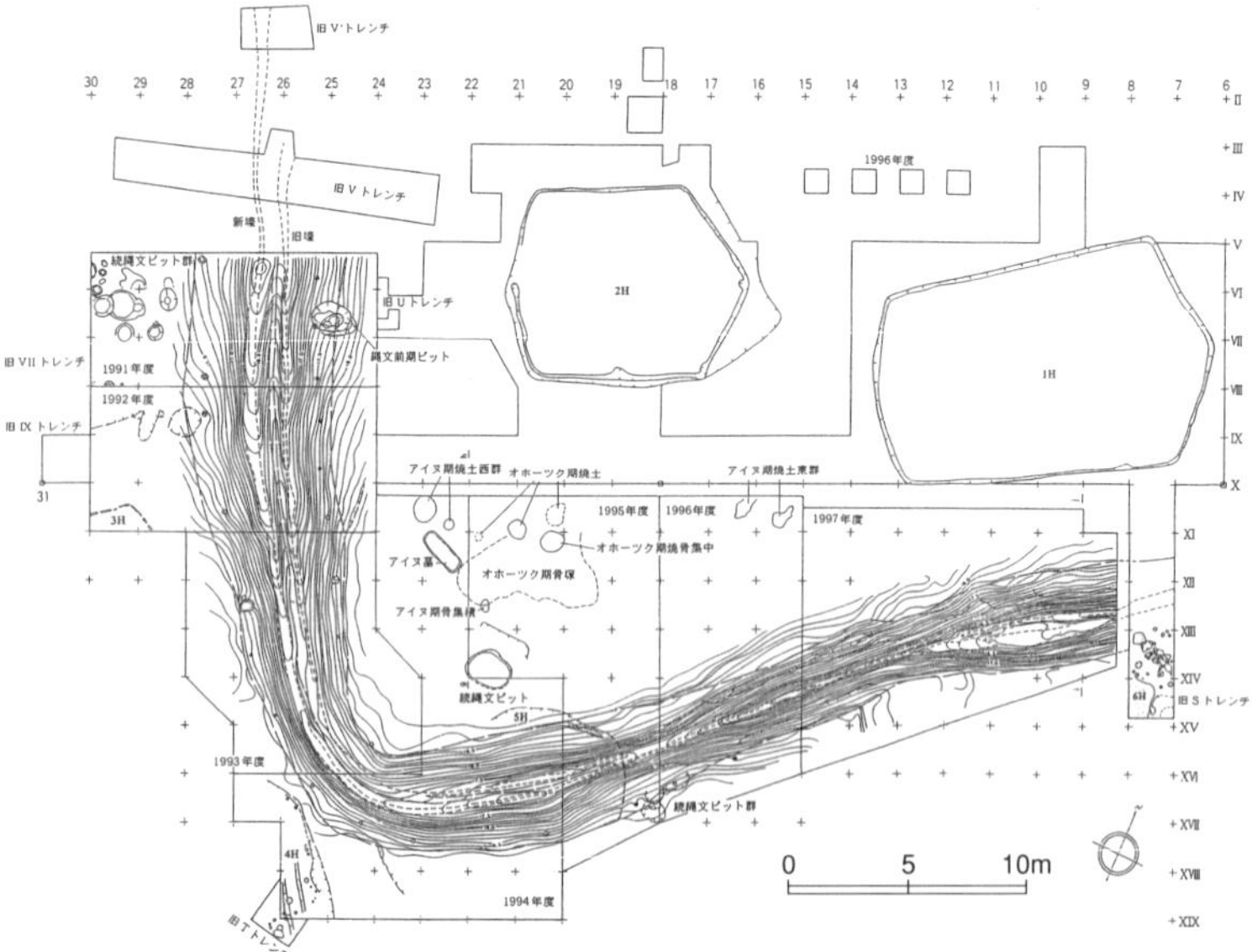

図67　トコロチャシ跡平面図

〇メートルである。新旧二本の壕をもつが、内側の壕が新しく、外側の壕が古い。明らかに時間差のある壕である。壕の幅は三・五〜六・二メートルであるが、新壕の底面はわずかに低くつくられている。断面は「V」状を呈し、深さは約一・二〜二・二メートルである。

壕の埋土に堆積した樽前a火山灰（一七三九年降灰）の下層から検出した炭化物の放射性炭素年代測定では、二三〇±五〇ＢＰ、二四〇±四〇ＢＰの数値がえられている。新壕は約二五〇年前、旧壕は三〇〇年前に想定されている。十七世紀中葉から十八世紀中葉の築造とされる。

主体部に類例が少ないアイヌ墓、送り場をもつなど、チャシの機能、送り儀礼の研究に重要な遺跡である。

旧壕、新壕のいずれも柵列をもつが、東側は後世の撹乱を受けているため検出されていない。柱

図68　復元配列された柵列

穴は旧壕側で一〇本、新壕側の一五本はほぼ等間隔に配列される（図68）。旧壕、新壕と柵列の新旧関係はかならずしも明確でないが、新壕は外側の柵列、旧壕は内側の柵列に対応すると考えられている。

チャシ本体の入口に相当し、橋が架かっていたと考えられているのがルィカである。橋・橋状の意味をもち、北海道東部に多いとされるルィカ構造は壕の一部を完全に断ち切るタイプである。壕内の底を高くするタイプもあるが、トコロチャシのタイプはいずれにも属さず、両側から「狭まり」をもっている。この箇所の壕幅は約二・七メートル、壕底部の壁は鋭角をなすもので、ルィカの基本タイプでないため類ルィカ構造と仮称されている。

壕構築時の排土は壕の外側と内側で確認されているが、堆積が薄いため全体的には不明瞭である。

なお、コタン（集落）の場所は特定されていないが、一八〇七（文化四）年の田草川伝次郎による『西蝦夷地日記』では一六三戸、六六七人が居住していたとされる。以後、一八五八（安政五）年に松浦武四郎が訪れたときは二八戸、一二七人まで激減している。この理由は、場所請負人制度によるアイヌの強制的な労働使役によるものであり、残されたのは女・子供・老人であったという。

トコロチャシ一号竪穴上層・下層の送り場

オホーツク文化期の一号竪穴の窪地を利用した送り場であり、土層図から二面の遺構が存在したと考えられる。上層（三層）は獣骨や貝類が長さ七メートル、幅五・五メートル、層厚一八センチにある。成人男性の人骨は雑然と積まれたような状態で出土し、改葬が指摘されている。遺物の出土は少ないように見受けられる。

一方、下層（四層）は炭化材が散在し、焼土、灰が分布し、鉄針・鉄小札・鉄鍋・鉄刀・漆器などが径八メートルの範囲から出土する。住居跡の可能性もあるが、床面や皿状に立ち上がる状況から、窪みを利用した送り場であろう。上・下層とも樽前a火山灰の上層に位置するので、二面の送り場は十八世紀前葉以降であろう。チャシ壕にも同火山灰の堆積が認められるので、チャシ本体と送り場の時期は異なると判断できる。

トコロチャシ内部のアイヌ墓

アイヌ墓（図69―1）はチャシ主体部内の壕に近い南端部にある。規模は長さ一・九二メートル、幅は頭部側が七〇センチ、足部側が五五センチの長台形である。掘り込みは浅く二〇センチ。ほぼ全骨格が遺存するが、一部に骨の移動と削りも観察され、副葬品の出土状況も乱れがあることから、改葬の可能性も指摘

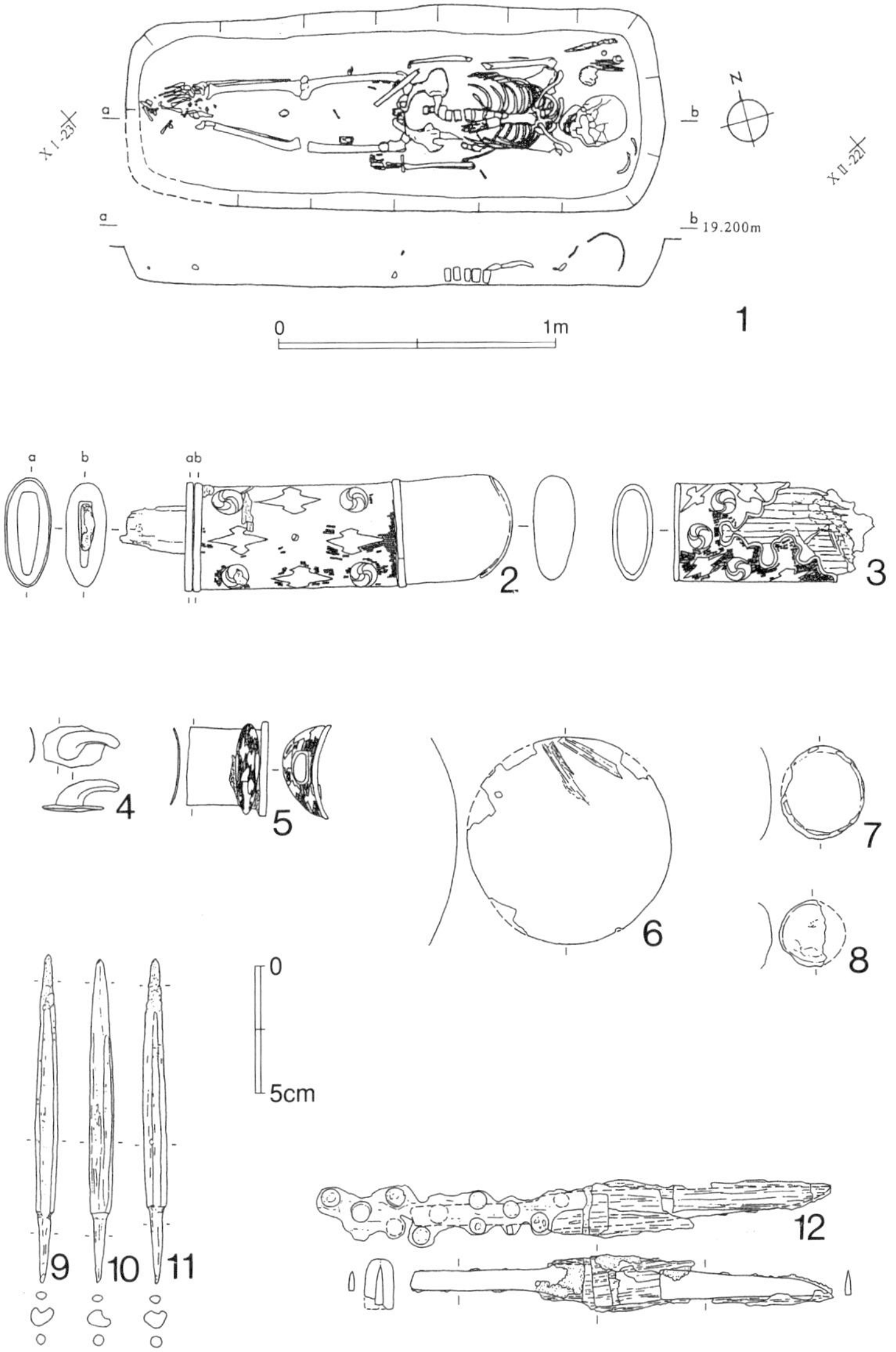

図69　トコロチャシ跡内部のアイヌ墓・出土遺物

されている。南東頭位の伸展葬。被葬者は壮年男性である。

副葬品は豊富である。胸部から出土した「短い宝刀」とされる青銅製の兜金を施した刀の柄部（図69―2）と把には、三つ巴文や稲妻文風の浮文がみられる。鞘尻金具（図69―3）は柄部と同質のもので目釘穴が残る。柄と鞘尻に青銅製品を用いた刀の長さは五八センチである。青銅製の足金具（図69―4・5）にも稲妻文風の文様が施されている。頭部から出土した円形の矢筒用青銅製品（図69―6～8）は一三点出土している。大型で直径七・九センチ、中型五・六センチ、小型三・二センチの三タイプあり、厚さは〇・一五ミリときわめて薄く、中柄（図69―9～11）八本が納められていたとされる。刀子（図69―12）は長さ一六・四センチ。鞘の一部が残存し、柄部に桜樹皮が巻かれ、銀製と思われる直径七ミリの円盤が象嵌されている。

栄浦第一遺跡一六五号墓　規模が長軸二・〇八メートル、短軸〇・八五メートルの長方形を呈し、深さは一九センチである。遺存体は南壁際に頭部と歯骨、東壁に一部がみられ、土壙墓の形態から伸展葬と判断できた。頭部から約一〇センチ離れて漆器が出土したが、腐食が激しく器形・文様は不明であった。漆器に近接して約五一〇粒の山ぶどう種子がみられた。一方、北壁端部から伏せた状態の鉄鍋が出土した。口径四四センチ、高さ一五センチの鉄鍋は、腐食がいちじるしく底部と側面の一部がかろうじて残存していた。約十七世紀と思われる。

石田肇・埴原恒彦の鑑定ではアイヌの成人女性と報告されている。

常呂川河口遺跡の送り場　竪穴の窪地を利用した送り場が四カ所発見されている。いずれも常呂川筋に沿った岸に近い竪穴にあるもので、東西方向に縦列した傾向が指摘できる。トコロチャシの下面に位置し、時期も同じ十七・十八世紀頃の後期アイヌ文化に比定できる。以下におのおのの詳細を述べていく。

一二一号竪穴送り場――擦文後期の竪穴窪地を利用する。カワシンジュ貝と若干のホタテ貝で構成される。貝層の最大幅三・四《メートル》、貝層厚は四《センチ》。貝層内から銛先の中柄が出土。貝層直下には長さ二・四《メートル》、幅一・五《メートル》の粘土層が堆積する。ライトコロ川口遺跡一一号竪穴上層の送り場でも貝層下部から焼土と粘土層が確認されている。送り儀礼によるものである。

一三一号竪穴送り場――擦文期の竪穴窪地を利用した集石遺構である。最小二《センチ》、最大三〇《センチ》の角礫を敷き詰め、六六点のくぼみ石を含む。規模は長さ六《メートル》の方形である。アイヌの送り場形式に岩や並べた石、積石があり、本例も類似の遺構と判断できる。しかし、層位的には他の竪穴送り場より上部にあるため新しいと思われる。

一三八号竪穴送り場――擦文後期の竪穴窪地を利用している。径七〇《センチ》の範囲から魚骨、カワシンジュ貝、ウバガイ、タマガイ類と、硬質化した〇・五《ミリ》～二《センチ》の灰状ブロックが混入するもので、灰送り場と思われる。

一五九号竪穴送り場――擦文後期の竪穴窪地を利用した送り場。樽前a火山灰（一六七三年降灰）を挟み、上層には径一・五《メートル》の範囲に多量の魚骨、貝類と、一三八号竪穴送り場にもみられた灰状ブロックが混入する。下層は小量の魚骨と礫が認められる。火山灰直下にある径一五《センチ》、深さ三〇《センチ》の小ピットから、ヒトの下顎骨のみが出土している。下顎骨はピット上部に位置し、樽前a火山灰が直接覆っていた。頭蓋部を含め他の部位は認められないが、送り場の東側に六カ所の焼土群と炭化材、ヒトと思われる大形の骨が数点散在する。動物遺体を含め今後分析を行う予定であるが、再葬されたと断定できない。時期は降灰年代にきわめて近い。

なお、送り場ではないが、C′九三発掘区出土の人骨は再葬されたと推測できる。第二層茶褐色砂の上面から出土したもので、層位的にはアイヌ期である可能性が高い。径一《メートル》前後の範囲から、海獣類の椎骨や陸獣骨数点とともに、頭蓋・上顎骨・下顎骨・肩甲骨・上腕骨・肋骨などが七〇四点みられた。骨はよく焼けて細かく割れている。長さ九・二《センチ》、直径二《ミリ》の棒状製品をともなう。トコロチャシ一号竪穴上層にも同様の例があるが、当地方に現在までこのような再葬の風習はなく、言い伝えも記録されていない。

常呂川河口遺跡出土の木製品

トコロチャシが機能していたころとほぼ同時期の木製品が、常呂川河口遺跡から発見された。チャシの眼下には常呂川の蛇行部がみえるが、木製品は、松浦武四郎が「渇水のときは滝になりて落ちるよしなれども、春夏の間は滝と見えず」（『戊午東西蝦夷山川地理取調日誌』）と記述したソー（滝）に近い標高〇《メートル》地点から出土した。川岸から内部に向かって粘土層が斜めに堆積するので、当時は深く抉入した入り江か旧河川の蛇行部が閉塞してできた沼だったのであろう。幾層もの粘土層に挟まれて、層厚二《センチ》の樽前a火山灰（一七三九年降灰）の堆積が認められた。木製品の大部分はこの火山灰の下層から出土している。年代測定は今後実施する予定であるが、それ以前の時期であることは確実である。トコロチャシ跡の旧壕が十六世紀中葉に比定されるので、この頃の可能性もある。

近年、千歳市美々八遺跡、オサツ二遺跡、ユカンボシC十五遺跡、札幌市K三九遺跡など、北海道の低湿地遺跡から相次いでこの時期の木製品が発見されている。

木杭の用途

木製品の多くは長さ一・五〜一・八メー《メー》トル《トル》、直径五セン《セン》チ《チ》程の、小木の先端部を鋭く加工した木杭である。アイヌは柵をつくって川をせき止め、遡上してきたサケを獲るテシ漁を行っているので、木杭はその柵に使用された可能性がある。テシはソーと併行して構築することで遡上の阻止に最も効果的と考えられる。また、モイ状の地形は魚が溜まりやすい場所でもあり、テシ漁に適した立地条件を備えていたと理解できる。木杭の総数は八百本におよぶ。

また、別の見方もできる。木杭のなかには上端が「Y」字状で長さ三〜三・六メー《メー》トル《トル》、直径八セン《セン》チ《チ》の大形がある。これらはチセ（住宅）の建築部材かチャシの柵列柱の可能性がある。ここから上流約七キ《キ》ロ《ロ》の地点にはチャシサンケウシと称する地名が残されており、「砦の木を出したところ」の意味をもつ。松浦武四郎は「むかしトコロにて城を立てるときに此処より其材木を切り出したる処なりと伝う」（『戊午東西蝦夷山川地理取調日誌』）と記録している。宇田川洋も指摘するとおり、常呂川流域でこの場所に最も近いのがトコロチャシであるため、この城をトコロチャシと考えるのが妥当である。

トコロチャシ跡の柵列柱穴の直径は最小一四セン《セン》チ《チ》。最大三三セン《セン》チ《チ》である。二〇セン《セン》チ《チ》前後が最も多い。掘り方からみて一〇セン《セン》チ《チ》ほどの丸太であることが推察できる。「Y」状を呈した大形の木杭もほぼこのサイズに見合うものである。

するとこの材木は、常呂川を下りチャシまで丸木舟で運搬され、このモイ（入り江）で降ろされたのであろうか。モイからチャシまでわずか二〇〇メー《メー》トル《トル》の近距離である。付近に舟を繋留するのに適した地形は見当たらないので、ここが舟着き場として利用された可能性も考えられる。武四郎の残した文献記述と考古学的遺物が、具体的イメージとしてチャシ築造時の土地利用のあり方を語っている。

武四郎は常呂川を遡上し数々のアイヌ語地名を記録したわけであるが、口述筆記にたよらず自分の眼で土地の様子、風景を確かめた。チャシの壕を意味するウオルケーの地名も記録している。一八五八（安政五）年五月、武四郎はトコロチャシを目撃していたのである。

多種の木製品

木杭と混在して各種の木製道具がみられる。特徴的な製品をあげてみよう。

弓（図70—1）は一・一一メートル。アイヌの狩猟用弓の標準サイズである。断面は楕円形で、縦方向に面取り、両端部に弓はずが作出される。花矢は熊送りの際に用いる儀式用の矢であるが、その柄（図70—2）は二三・五センチ。上下端が欠失したもの（図70—3）は残存部で一七センチ。いずれも部分的に桜の樹皮を巻きつけている。先端部を鋭く作出した木製の矢（図70—4・5）は一五センチ。刺突具（図70—6・7）は長さ一二センチ。図70—6の胴部には螺旋状の刻線が施される。木製のヤス（図70—8）は長さ一〇センチ。灯火具挟み木（図70—9）は上部が「Y」状に割り裂かれ、一部は焼け焦げている。無文の捧酒箸（図70—10）は長さ二六センチ。小型の箆（図70—11・12）は一四センチと九センチのものがある。樹皮を素材とした小刀の柄部（図70—13）にはていねいな刻線文がみられる。木錘（図70—14）は上部の一部に抉りが入り、断面は円形を呈する。底部は丸みをもつ。一三センチ。取っ手（図70—15）は方形に鋭く加工される。一三センチ。小形の蓋（図70—16）は楕円状であり、中央

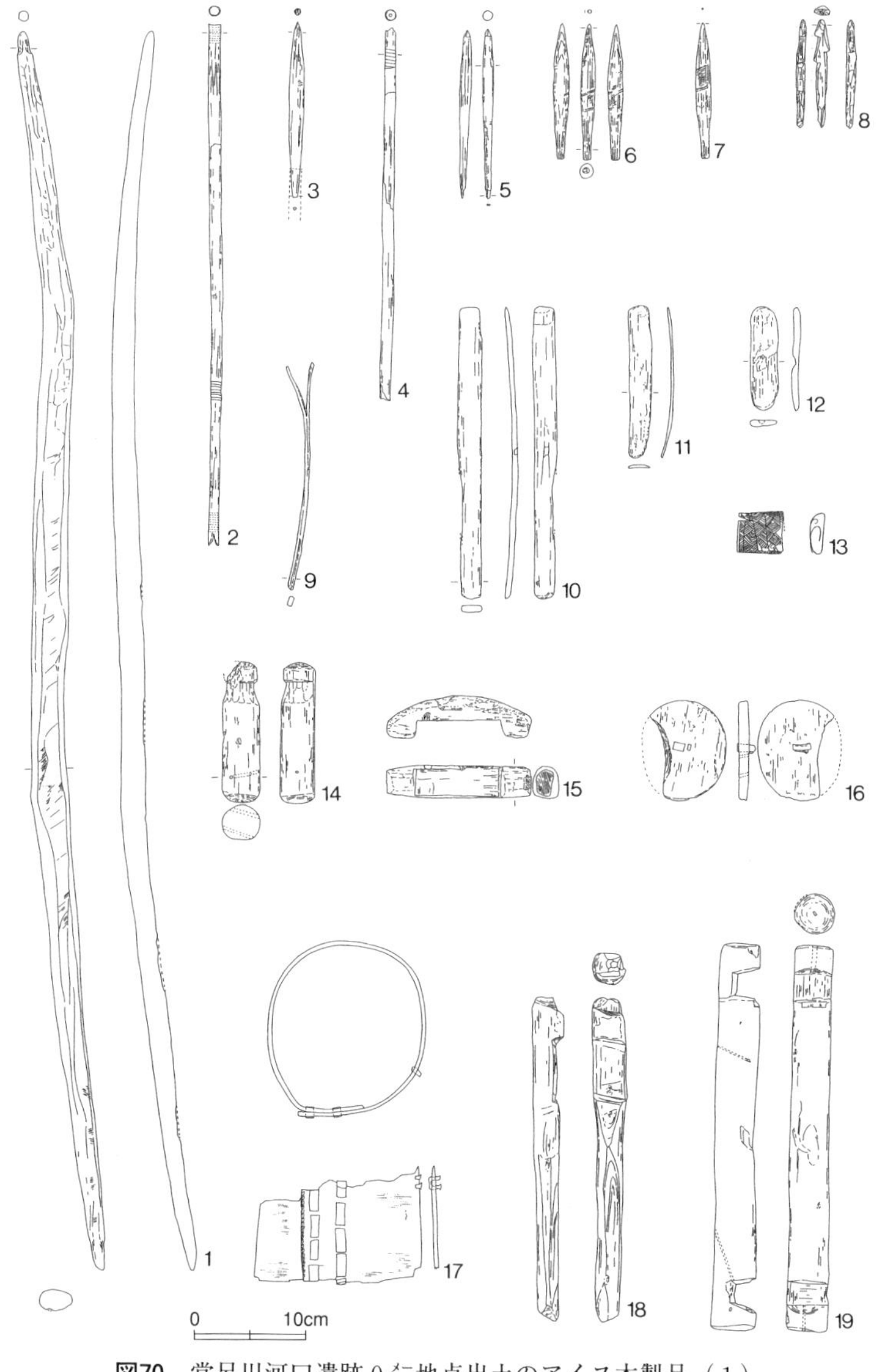

図70　常呂川河口遺跡0メートル地点出土のアイヌ木製品（1）

に桜樹皮のつまみをもつ。曲げ物（図70―17）は直径一五センチ。厚さ四ミリ。接合部は桜樹皮を二列巻き込んで留めている。用途不明の木製品（図70―18）は二九センチ。上部に五センチの抉りがある。図70―19も用途不明で両端部に抉りをもつ。一七センチ。

　用途不明である木製品（図71―1）は長さ一・〇五メートル。両端部の抉入部には径六ミリほどの孔があけられている。雪中の歩行用具であるカンジキは二点のうち一点を図示した。楕円形タイプ（図71―2）のもので軸受孔がみられる。残存部の長さは五三センチ。魚叩き棒は四本出土した（図71―3～6）。長さはいずれも四〇～四七センチ。握部を細く作出するが、とくに図71―5・6は明瞭である。魚叩き棒は、縄文中期後半から後期初頭に比定される石狩市紅葉山砂丘遺跡から出土している。定置漁労遺構はテシ・ウライと称されるものであり、柵や魚叩き棒はサケ・マス漁と関連するとされる。

　このような木製品は日常使用される道具類であり、これらも送られたのであろう。したがって近くにコタンがあるのは確実であり、チャシ・送り場・舟着き場がこの周辺の一帯に存在していたとみられる。

トイカウシチャシ

　アイヌ語でト・イカ・ウシとは「サロマ湖を・越える・ところ」を意味する。一九六九年に東京大学文学部考古学研究室による一般分布調査で発見された壕は、サロマ湖側に伸びる標高八～九メートルの舌状台地に築かれたいわゆる丘先式である。

　一九九一年に史跡整備にともなうトレンチ調査を行ったところ、長さ九メートル、上幅一・六メートル、深さ約七〇センチの一条の濠をもつことが確かめられた。底面は丸みをもち、段をもって緩く立ち上がるので、人為的な掘り込みであることは確実である。

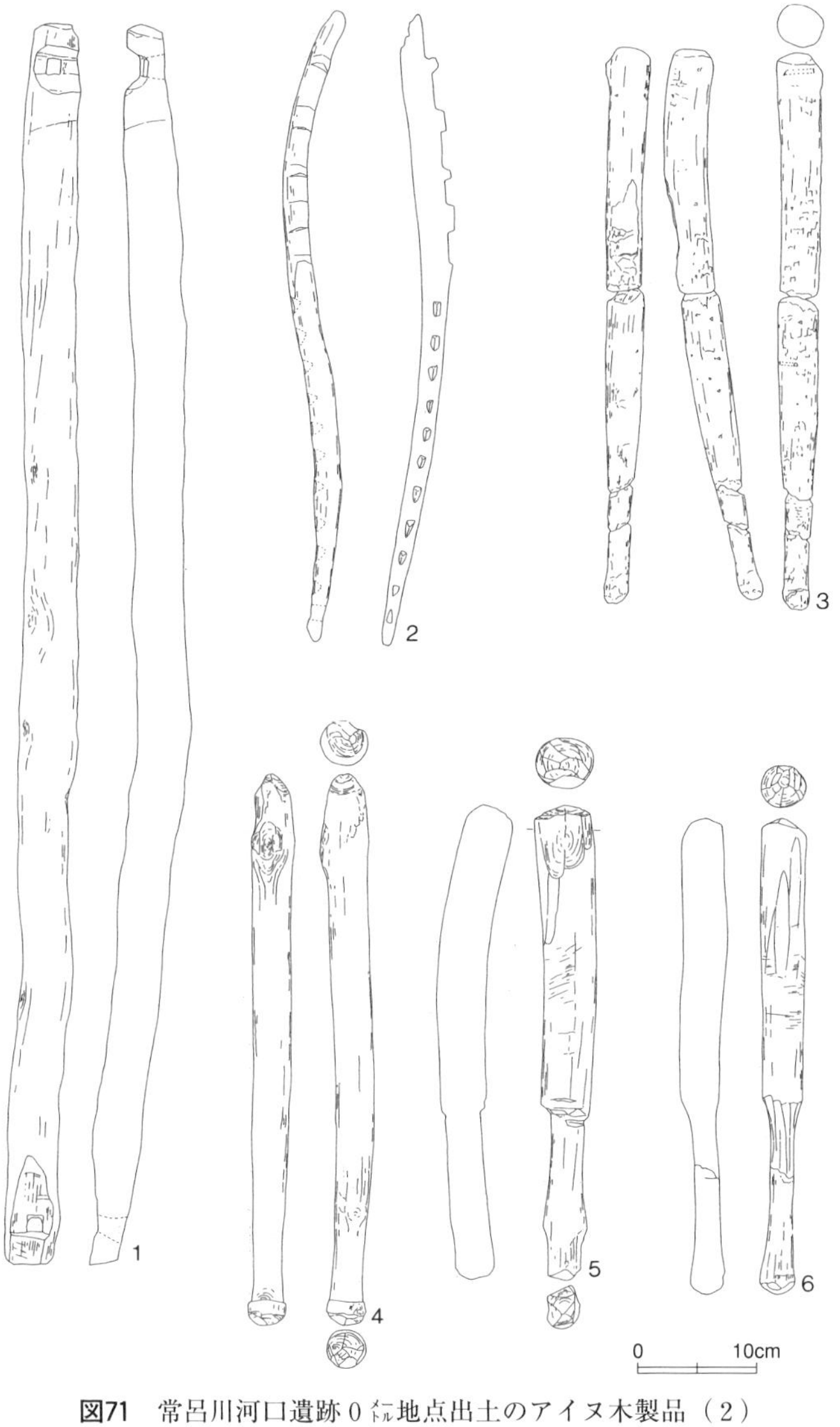

図71　常呂川河口遺跡0㍍地点出土のアイヌ木製品（2）

しかし、チャシとするには比高が二〜三《メートル》と低く、規模も小さい。遺物も出土していないため、積極的にアイヌ期の遺構と断定できない。

近接するＳＴ一七遺跡では、擦文期の三軒の竪穴を囲むように長さ六〇《メートル》、幅三《メートル》の溝がみられるので、擦文期の遺構の可能性も含め、類例をまって検討する必要がある。

Ⅸ　北方世界における常呂遺跡群――集住と拡散

これまでみてきたとおり、常呂遺跡群には海岸砂丘の大規模竪穴群を中核として、各文化期にわたる遺跡がみられた。この地域に多くの遺跡が残された理由の一つが、豊富な食糧源にある。狩猟・採取社会では、安定した食糧獲得が最優先すべき課題であり、オホーツク海の魚介類、毎年定期的に常呂川に遡上するサケ・マス、森林に生息する各種の動植物は格好の食糧源であった。

二つ目は適地といえる住環境である。それほど高くない標高一〇～二〇メートル前後の段丘があり、かつては直下に湖面が広がり、その後、常呂川やライトコロ川が形成された。大規模竪穴群のある海岸砂丘は、湧水源こそないが、南面した緩斜面は陽あたりもよく、冬期間の強い北西風を和らげていた。岐阜台地や常呂川河岸段丘には大小の沢が入り込み、湧水源があった。台地上に集落をもち低地に生業活動地が隣接するなど、生活環境の条件が満たされていた。

三つ目は交易地としての側面である。第Ⅴ章で概述した縄文晩期の道南部との間接的な交渉、続縄文文化前葉から本格化した樺太産琥珀玉の大量な受容や、道央部とさほど遅れない後北C_1式から出現する鉄器の受容など、海岸河口部が交易流通の拠点的位置を占めていたと思われる。とくに、中・小規模集落を背景にもつ常呂川河口地域と、サロマ湖東岸の鐺沸地域が流通の適地とみられる。いずれの地域も、縄文前期末葉から擦文文化期、十五世紀頃からアイヌコタンがみられるなど共通のあゆみをみせている。遅くとも続縄文文化の三世紀頃までは、三つの要素が鍵となって集住化がみられたであろう。

三〜四世紀のこの時期は、温暖と冷涼気候が交互にくり返されていたとされ、不安定な環境のなかで後北文化も衰退する。五・六世紀から七世紀前半には、オホーツク文化の十和田式と関連し、後のオホーツク文化進出に重要な役割を担っていたとされる北大Ⅰ式・同Ⅱ式が現れるものの、常呂川河口やライトコロ川筋で数個体の土器が出土するにとどまる状況となる。

それに対して約七世紀後半から八世紀初頭には、道南から道央部に律令国家の圧力を受けた土師器集団の進出があり、蕨手刀をはじめ各種の豊富な金属器をもつ墓や北海道式古墳の構築がみられた。道東部のオホーツク文化進出は七世紀代の刻文期であるが、常呂遺跡群では明確に認められない。常呂遺跡群を含む道東部では五・六世紀の北大Ⅰ式から八世紀まで約三百年間は考古学的に不明の状態がつづくが、本格的にオホーツク文化が定着するのは八世紀代であり、栄浦第二遺跡における道北系の沈線文系と道東部の貼付文系の遺構・遺物の出土は両地域間の交流を想定させる。

三世紀から八世紀の「古墳寒冷期」とされる低温・多雨にともなう環境条件の変化は、オホーツク文化の南下とともに人口拡散化を促がし、少数の人びとをも翻弄しつづけたであろう。

X　北方古代文化遺跡の整備事業

1　ところ遺跡の森

冒頭でも触れたが、自然環境豊かな地域にあるのが常呂遺跡群の最大の特色である。そのなかでもサロマ湖畔に面する岐阜台地西部地域は特徴がある。長さ一メートルほどのクマザサをベースに、カシワ、ナラ、シラカバ、ハンノキなど二十六種類におよぶ樹木の原生林や、ヒメハナワラビ、オドリコソウ、ギンランなど野草は二百種類におよぶ。なかには環境省による絶滅危惧種二種のエゾヒメアワナ、エゾネコノメソウも見られる。四季折々の植物群は豊富で、春のフキ、ワラビ、ギョウジャニンニクや、秋のドングリ、キノコ、ヤマブドウなど多彩である。湿地帯に自生するミズバショウの群生も見ごたえがある。

動物群では、湖畔にあるため季節によってシジュウカラ、ニュウナイスズメなど二十九種の野鳥が飛び交い、湖面の浅瀬にはガン・カモ類がみえる。冬には天然記念物のオジロワシやオオワシが獲物を求め滑空するなど、バードウォッチングも最適である。また、エゾシカ、キタキツネ、エ

図72　ところ遺跡の森平面図

ゾリス、エゾモモンガなども生息する。このような動物・植物相は、少なくとも続縄文期以後、大きな変化はなかったと考えられる。このような古代の風景のなかにあるのが「ところ遺跡の森」(図72)である。

森林内には「ところ遺跡の館」・「ところ埋蔵文化財センター」・「東京大学文学部附属常呂実習施設」・「東京大学常呂資料陳列館」の施設をはじめ、縄文・続縄文・擦文各期の竪穴占地の特色を現出するため、三時期の「村」を構成する六棟の復元建物がある。住居復元に対する基本的な考え方は次のとおりである。

一〇号竪穴復元住居

縄文中期の竪穴である。この時期の竪穴は多角形を基調とする。一〇号竪穴(図73)の調査前は東西四メートル、南北八メートルの浅い窪みであった。表土を剥土した段階で黒色土の落ち込みがみられた。検出数値

図73　10号竪穴復元住居

は南北六・六〇《メートル》、東西二・五〇《メートル》。平面形は北壁端が弱い丸みをもつ南北に細長い不整六角形である。黄褐色粘土の基盤層を約四〇《センチ》掘り込み、床面は北側に向かってわずかに傾斜する。中央の炉跡は赤化がいちじるしい。

　明確な主柱穴は認められない。壁柱穴はかたよりがあるものの、壁角と長軸側に一～二本配列していたと推測できる。

　主柱が確認できなかった点から、テント式構造を想定し、長軸側に二対の三脚を設け、棟木を渡している。棟木に一三本の垂木を架け、木舞で固定する方法をとった。屋根勾配は五二度。床から棟木の高さは三《メートル》とした。屋根材にシラカバ樹皮を用いたのは、中国東北部のオロチョン族によるテントの覆材利用、オロッコ族の樹皮葺き屋根を参考としたことによるが、その後に発見されたオホーツク文化住居のシラカバ樹皮の多用性も、そ

図74　6号竪穴復元住居

の利用を示している。

入口は南端部を想定した。長軸面では炉に接しすぎる点から両端部が考えられるが、南側は自然採光に適すること、床面が南から北側に傾斜すること、北端部より南端部が広く居住スペースが確保されていることといった理由による。

六号竪穴復元住居　続縄文期の竪穴である。調査前は径六メートルの円形を呈し、深さは約四〇センチであった。調査後の規模は東西六・二〇メートル、南北七・七〇メートルの楕円形をもち、東壁隅に一・五〇メートルの舌状部がある。縄文晩期後半から続縄文初頭の一般的な形態である（図74）。主柱は炉のやや外側にあって楕円状に囲み、壁柱穴は壁際に配置される。

炉跡は舌状部の前部に位置する。この時期に特有な石囲み炉はない。

構築材はナラ材を主体に、壁面などはヤナギを用いた。壁から一・五〇《メートル》内側にある四本が径、深さ、長方形の配置から主柱と想定された。主柱の上に梁を架け、八本の垂木を固定して木舞を配した。屋根勾配は四〇度。舌状部は人一人が通れる程度の高さ一・六〇《メートル》。屋根勾配を一八度とした。

　壁密着面にヤナギの小丸太を横に配列し、茅で覆った。この竪穴の特色は、炉跡が中央より南側に寄っているため奥部がかなり広いスペースをもつことである。この場所を起居の場と想定し、二〜三《センチ》の小丸太を設置した。

一号竪穴復元住居

　擦文期の竪穴である。発掘前は地表面が約一《メートル》の窪みであった。周辺竪穴のなかでも最大のもので、一辺一〇《メートル》の方形である。深さは六〇《センチ》。八本の主柱穴がある。壁柱穴はほぼ等間隔に巡り、中央に炉跡をもつ。カマドは黄褐色土と粘土によりつくられたものが二基あり、燃焼部は熱く焼かれ変色する。北カマド内には土器の底部が逆さまになって出土した。支脚の代用であろう。南西隅に集石がある。

　カマド前面や南壁には幅四〜五《センチ》、厚さ一《センチ》の壁板材があり、このデータをもとに壁材幅は五《センチ》、十〜十五《センチ》とした。

　住居復元に重要なのは上屋構造であり、焼失家屋の炭化材を基に復元するのが正当であろう。しかし、この竪穴は焼失住居であるものの、一部しか炭化材が認められず全容が不明なため、各地の焼失住居の検討とアイヌ期の住居（チセ）を参考としたが、その理由は、擦文文化がアイヌ文化の母体となる文化だからである。

　骨組はアイヌ文化独特のケッンニ（三脚構造）である。桁の部分に二本、梁の部分に一本を固定した二対の三脚に棟木を架け、基本的な構造がつくられた。

入口はライトコロ右岸遺跡三号竪穴を参考にした。同竪穴は長さ一・〇五メートル、幅一メートルの長方形状の入口がカマド側面から検出されている。樺太アイヌの住居もカマド側面に入口がある。アイヌの住居では入口周辺が台所となり下人の座である。左奥部にチセコロカムイ（家神）が祀られ、宝檀がつくられるので、カマドの反対側に入口をもつとは思われないからである。

2　北方古代文化復元建物の完結

サロマ湖畔の「ところ遺跡の森」にある縄文・続縄文・擦文期の復元建物につづき、常呂川右岸台地にあるアイヌ期のチャシ跡とオホーツク文化の住居復元化を検討している。旧石器文化を除く北海道の考古学的時代区分の建物復元を目指しているわけであるが、これはまた、十数キロ離れたサロマ湖畔の史跡と常呂川河口周辺の史跡の連動を目的としている。両地域の中間地点に位置する二五〇〇軒の大規模集落遺跡である栄浦第二遺跡・常呂竪穴群を起点に、サロマ湖畔にあるワッカ原生花園など自然遺産と常呂川河口にある森林公園、サケ・マス捕獲場など既存の施設なども有機的に関連づけ、市街地の活性化も目指している。

3　エコミュージアム構想

一九八五（昭和六十）年に、常呂町公園整備構想がまとまった。海・湖・川・丘陵（森）のある自然的空間と、常呂遺跡を代表とする時間的空間の融合を前提とした計画であり、その上にたって現在みる市街地の景観を歴史的空間と位置づけている。当時としては新しい発想にもとづく公園整備計画であった。

一九八六（昭和六十一）年の史跡保存管理計画でもこの考え方を基本に、「ホタテと遺跡」を核とした屋根のない博物館を目指していた。ホタテを組み込んだ施設建設は実現にいたらなかったが、「ところ遺跡の森」として誕生した。

次なる取り組みはエコミュージアム構想の実現である。エコミュージアムとはエコロジー（生態系）・ミュージアム（博物館）のことであるが、基本は地域の一人一人が地域の魅力を発見することであると考えている。自然景観・歴史景観を構成する一つ一つの事象を見直すことが再発見につながると思う。遺跡を「核」に人と風土が一体となって見せる（展示する）地域がエコミュージアムと考えている。遺跡はその役割を果たすに充分な素材を提供しているので、今後の史跡整備の体系化のなかで明確に位置づけたい。

ところ遺跡の森

住　　所　〒093-0216　北海道北見市常呂町字栄浦371番地
TEL0152 - 54 - 3393　FAX0152 - 54 - 3538
開館時間　午前９時～午後５時
休 館 日　毎週月曜日・祝日の翌日・12月29日～翌年１月５日
入 館 料

区分	大人	中・高生	小学生
市外一般	300円	200円	100円
団体	250円	150円	50円
市内一般	200円	100円	50円
団体	150円	80円	30円

交　　通　◎航空機
千歳～女満別（JAL／ANA）45分。羽田～女満別（JAL／ANA）100分。大阪～女満別（ANA）145分。
◎車
女満別空港より約50分。北見駅より約60分。網走駅より約40分。
◎バス
網走バスターミナル～約70分。北見バスターミナル～約70分。常呂交通ターミナル～約15分。サロマ湖栄浦下車、徒歩２分。

ところ埋蔵文化財センター

住　　所	〒093-0216　北海道北見市常呂町字栄浦376番地 TEL0152 - 54 - 3167　FAX0152 - 54 - 3996
開館時間	午前９時～午後５時
休 館 日	毎週月曜日・祝日の翌日・12月29日～翌年１月５日
入 館 料	無　料
体験講座	勾玉作り150円、土器作り357円、縄文櫛作り150円、 土器復元体験は無料。　　※事前予約が必要です。

東京大学常呂資料陳列館

住　　所	〒093-0216　北海道北見市常呂町字栄浦384番地 TEL0152 - 54 - 2387　FAX0152 - 54 - 2387
開館時間	午前９時～午後５時
休 館 日	火曜日・12月29日～翌年１月５日
入 館 料	無　料

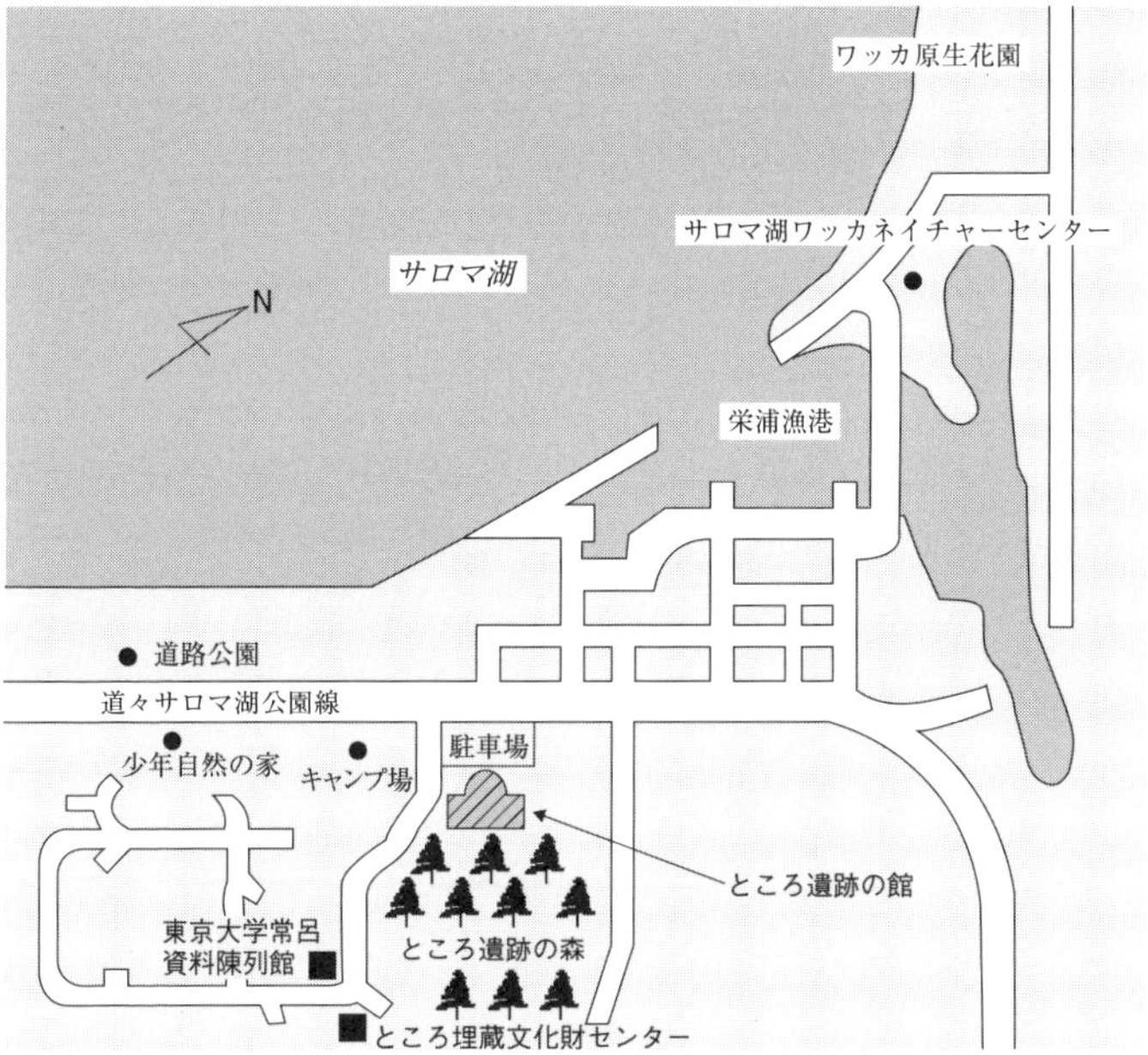

参考文献

浅川滋男編　一九九八　『先史日本の住居とその周辺』同成社
網走市立第二中学校人文科学クラブ　一九六八　『考古あばしり』
宇田川洋　一九八八　『アイヌ文化成立史』北海道出版企画センター
宇田川洋・武田　修　一九九六　「常呂川河口遺跡15号住居出土の土器群」『考古学者ジャーナル』
宇田川洋　二〇〇一　『アイヌ考古学研究・本論』北海道出版企画センター
宇田川洋・熊木俊朗編　二〇〇一　『トコロチャシ跡遺跡』東京大学大学院人文社会系研究科
宇田川洋　二〇〇二　「常呂実習施設史」『北の異界　古代オホーツクと氷民文化』東京大学出版会
宇田川洋　二〇〇四　「チャシ跡とアイヌ墓」『新北海道の古代3　擦文・アイヌ文化』北海道新聞社
遠藤邦彦・上杉　陽　一九七二　「オホーツク海沿岸トコロ海岸平野の地形・地質」『常呂』
大西信武　一九七二　『常呂遺跡の発見』講談社
大西秀之　一九九五　「トビニタイ土器分布圏における〝擦文式土器〟の製作者」『古代文化』48―5
大貫静夫　二〇〇二　「スグユクアトフミ」『北の異界　古代オホーツクと氷民文化』　東京大学出版会
大沼忠春編　二〇〇四　「続縄文・オホーツク・擦文文化」『考古資料大観』11　小学館
菅野友世　二〇〇〇　『常呂川流域考古学関係文献目録』
菊池徹夫　一九八四　『北方考古学の研究』六興出版
木村盛武　一九八三　『エゾヒグマ百科』共同文化社
熊木俊朗編　二〇〇四　『環オホーツク海沿岸地域古代土器の研究』
熊木俊朗・福田正宏編　二〇〇五　『間宮海峡先史文化の復元と日本列島への文化的影響』東京大学常呂実習施設研究報告第二集

児玉幸多・仲野　浩編　一九七九　『文化財保護の実務』（上）　柏書房
佐藤宏之　二〇〇三　「北海道の後期旧石器時代前半の様相」『古代文化』55―4
高倉新一郎解読　一九七八　『竹四郎廻浦日記』下　北海道出版企画センター
鷹野光行　一九八一　「北海道東部の土器」『縄文文化の研究』4
高畠孝宗　一九九八　「オホーツク文化の墓」『環オホーツク』五
武田　修編　一九八八　『TK六七遺跡』常呂町教育委員会
武田　修編　一九九二　『史跡常呂遺跡』常呂町教育委員会
武田　修・宇田川洋　一九九三　「常呂町栄浦のトイカウシチャシ跡遺跡について」『北海道チャシ学会会報』38
武田　修編　一九九五　『栄浦第二・第一遺跡』常呂町教育委員会
武田　修編　一九九六　『常呂川河口遺跡』（1）常呂町教育委員会
武田　修　一九九六　「オホーツク文化竪穴住居内の遺物出土パターン」『古代文化』48―6
武田　修　一九九八　「北海道常呂川河口遺跡出土の平底押型文土器について」『北方の考古学』
武田　修編　二〇〇〇　『常呂川河口遺跡』（2）常呂町教育委員会
武田　修編　二〇〇二　『常呂川河口遺跡』（3）常呂町教育委員会
東京大学文学部　一九六三　『オホーツク海沿岸・知床半島の遺跡』（上巻）
東京大学文学部　一九六四　『オホーツク海沿岸・知床半島の遺跡』（下巻）
東京大学文学部　一九七二　『常呂』
東京大学大学院人文社会系研究科・常呂町教育委員会　二〇〇二　『トコロチャシ跡遺跡群の調査』
常呂町　一九八九　『常呂町百年史』
常呂町　一九九三　『ところ遺跡の森整備事業報告書』
常呂町郷土研究同好会編　二〇〇五　『常呂町郷土史話3』ところ文庫21

畑　宏明　二〇〇四「続縄文時代前半にみられるクマ形の彫像について」『アイヌ文化の成立』
福田正宏　二〇〇三「北海道における亀ヶ岡式土器と在地系土器の系統」『海と考古学』第5号
藤本　強　一九七二「調査の経過と問題点の摘出」『常呂』東京大学文学部
藤本　強編　一九七七『岐阜第三遺跡』東京大学文学部
藤本　強・宇田川洋編　一九七七『岐阜第二遺跡』北海道常呂町
藤本　強　一九七九『北辺の遺跡』教育社
藤本　強編　一九八〇『ライトコロ川口遺跡』東京大学文学部
藤本　強　一九八二『擦文文化』教育社
藤本　強編　一九八五『栄浦第一遺跡』東京大学文学部
北海道チャシ学会　一九八七「チャシ跡遺跡　破壊と観光」『北海道チャシ学会々報』25
北海道文化財保護協会　一九八五『常呂町公園整備構想』
松浦武四郎／秋葉　實（翻刻・編）一九九九『校訂蝦夷日誌』
吉本　忍　二〇〇四「擦文文化期の織機と織物」『アイヌ文化の成立』
涌坂周一　一九八四『松法川北岸遺跡』羅臼町文化財報告8

あとがき

これまで述べてきたとおり、常呂遺跡群は豊かな自然環境の中に旧石器、縄文、続縄文、擦文・オホーツク、アイヌ文化まで各時期の遺構が連綿と連なっている点に特色がある。しかも、遺跡の大部分は未調査であり、謎に満ちたまま保存されている。北海道のみならず北東アジアを含めた歴史・文化を紐解く重要な遺跡群であり、今後さらに保存・管理に万全を期さなければならないと認識している。

一九九二（平成四）年八月に作家司馬遼太郎が『街道をゆく』の取材のため来町された際、当時、東京大学文学部助教授宇田川洋、教育長川原田勇と筆者の三名で常呂川河口遺跡、栄浦第二遺跡を案内した。司馬は無数の竪穴と掘り込みの深さに驚嘆し、ラッコやクマの彫像品を手に取り、真剣に見入っていたことを記憶している。

「この山水のなかを歩いていれば、たれもが古代感覚をよみがえらせるにちがいない。たべものを採集してまわるくらしのなかでは、常呂ほどの土地はない。流氷期には海獣がとれるし、ふだんでも、淡水・海水の魚介がゆたかで、野には小動物がかけまわっている。常呂川には、季節になると、サケやマスがのぼってくる。採集のくらしの時代、常呂は世界一のいい場所だったのではないか」とはその『街道をゆく』の一節である。まさに常呂遺跡群にみられる多くの遺跡の存在はかつてこの地域が住みやすく、自然の恩恵を享受できる地域であったことを物語っている。あらたまってこの町の魅力を考えるとき、海と湖と川と森のある自然環境の豊かさにつきる。そして遺跡群は時空を超越して古代から現在まで人間の営みがつながっていることを気づかせてくれる。

本年三月五日に旧常呂町・端野町・留辺蘂町と北見市が合併し、新北見市が誕生した。大雪山麓からオホーツク海まで約一四〇キロにおよぶ巨大な自治体である。旧市・町とも魅力的な自然風土を兼ねそなえているが、内陸部の地域では黒曜石の原産地もちかいことから、常呂町に少ない旧石器文化の遺跡が点在している。新北見市の遺跡総数は四四八カ所におよぶわけであるが、これに対して担当者は三名であり、今後、広大な区域における文化財保護の方策を図る必要がある。

旧常呂町に赴き二十七年経過した。以来、常呂川河口遺跡、栄浦第二遺跡を始めとする緊急発掘調査や三回の史跡追加指定、「ところ遺跡の森」整備事業、埋蔵文化財センター建設など文化財関連の保存事業に追われた日々であった。その間、いつも藤本強・宇田川洋先生をはじめ多くの方々から暖かいご指導と励ましの言葉を頂きました。また、今回このような機会を与えてくださった菊池徹夫・坂井秀弥先生に感謝申し上げるしだいです。

菊池徹夫
坂井秀弥　企画・監修「日本の遺跡」

13　常呂遺跡群《ところいせきぐん》

■著者略歴■
武田　修（たけだ・おさむ）
1954年、北海道生まれ
立正大学文学部史学科考古学専攻卒業
現在、北見市教育委員会社会教育部主幹兼ところ遺跡の森所長
主要論文等
「オホーツク文化」『北海道考古学』第30輯、1994年
『TK60遺跡』常呂町教育委員会、2004年
「北海道縄文晩期・続縄文墓壙の一様相」『アイヌ文化の成立』宇田川洋先生華甲記念論文集、2004年

2006年8月5日発行

著　者　武《たけ》田《だ》　修《おさむ》
発行者　山脇　洋亮
印刷者　亜細亜印刷㈱

発行所　東京都千代田区飯田橋4-4-8　東京中央ビル内　（株）同成社
TEL 03-3239-1467　振替 00140-0-20618

ISBN4-88621-364-2 C3321

シリーズ

日本の遺跡

菊池徹夫・坂井秀弥　企画・監修

四六判・定価各一八九〇円

【既刊】

①西都原古墳群　南九州屈指の大古墳群　北郷泰道

②吉野ヶ里遺跡　復元された弥生大集落　七田忠昭

③虎塚古墳　関東の彩色壁画古墳　鴨志田篤二

④六郷山と田染荘遺跡　九州国東の寺院と荘園遺跡　櫻井成昭

⑤瀬戸窯跡群　歴史を刻む日本の代表的窯跡群　藤澤良祐

⑥宇治遺跡群　藤原氏が残した平安王朝遺跡　杉本　宏

⑦今城塚と三島古墳群　摂津・淀川北岸の真の継体陵　森田克行

⑧加茂遺跡　大型建物をもつ畿内の弥生大集落　岡野慶隆

⑨伊勢斎宮跡　今に蘇る斎王の宮殿　泉　雄二

⑩白河郡衙遺跡群　古代東国行政の一大中心地　鈴木　功

⑪山陽道駅家跡　西日本の古代社会を支えた道と駅　岸本道昭

⑫秋田城跡　最北の古代城柵　伊藤武士

⑬常呂遺跡群　先史オホーツク沿岸の大遺跡群　武田　修

【続刊】

両宮山古墳　二重周濠をもつ吉備の巨大首長墓　宇垣匡雅

奥山荘城館遺跡　中世越後の荘園と古城　水澤幸一

妻木晩田遺跡　蘇る山陰弥生集落の大景観　高田健一